최애를 위한

나만의 솜인형 옷 만들기

다큐트 지음

히라쿠리 아즈사 감수

들어가며

여러분 안녕하세요!
솜인형을 만드는 '여중생' 아이돌 다큐트입니다.
평소에는 학교에서 공부하지만, YouTube에서는 솜인형 아이돌로 활동하고 있습니다.
반 친구들한테는 비밀이에요. 쉿!

YouTube에서 솜인형을 실제로 만들어 보며 만들기 방법을 설명하고
솜인형 만들기에 활용할 수 있는 정보나 굿즈를 소개한답니다.
솜인형 만드는 사람들이 늘어나도록 힘쓰고 있지요.

최애 인형에게 입힐 다양한 옷을 만들고 싶어!
최애를 닮은 솜인형을 만들었으니 이제 옷도 만들어 주고 싶어!
그런데 솜인형은 크기가 작아서 옷 만들기가 어려울 것 같아…… 혹시 이런 고민을 하고 있나요?

걱정하지 마세요! 다큐트와 함께 차근차근 만들어 나간다면 누구나 할 수 있답니다.

이 책에서는 초보자도 인형 옷을 쉽게 만들 수 있도록
인형 옷 만들기 방법과 도안 제작에 특별히 신경 썼습니다.
바느질이 익숙하다면 이 책에 실린 도안을 변형해
나만의 인형 옷을 만들어 보는 것도 즐겁겠지요.

최애를 향한 넘치는 사랑을 담아 이 세상에 하나뿐인 솜인형을 만들고 싶어!
여러분의 그런 마음을 실현하는 데 이 책이 조금이나마 도움이 되면 좋겠습니다.

자, 그럼 오늘도 다큐트와 함께 바느질을 시작해 볼까요?
매일 즐겁게 바느질해 봅시다!

솜인형 아이돌 다큐트(지음)

YouTube에서 다큐트를 만난 순간은 지금도 기억하고 있습니다.
대담한 모습에 놀란 나머지 저도 모르게 빤히 쳐다보고 말았지요.
하지만 몇 분 후에는 감탄할 만한 바느질 실력과 무척 친절한 설명에 사로잡히고 말았습니다.
이 책에 다큐트가 만든 다양한 인형 옷을 담을 수 있어서 매우 기쁩니다.

인형 옷 만들기가 조금 어려워 보여도 다큐트와 함께라면 분명 괜찮을 거예요.
최애 인형에게 다양하고 멋진 옷을 만들어 입히는 즐거움을 느껴 보시기 바랍니다.

히라쿠리 야즈사(감수)

솜인형이란?

이 책에서 소개하는 솜인형 바디는 『최애를 닮은 나만의 솜인형 만들기』 책에 나오는
형태를 기본으로 한다. 인형을 만드는 방법과 도안은 다음 책을 참고하자.

『최애를 닮은 나만의 솜인형 만들기를
참고!

『최애를 닮은 나만의 솜인형 만들기』 히라쿠리 아즈사 지음, 므큐

세 가지 사이즈 솜인형 바디

이 책에 등장하는 솜인형은
소형 · 중형 · 대형 세 가지 사이즈다.

소형 인형 (소)
약 10cm

외출할 때
안성맞춤!

손바닥 크기의 인형이라 외출할 때도 편하게 데리고 다닐 수 있다. 밖에서 최애 인형의 사진을 찍고 싶은 사람이라면 꼭 만들어 보자. 다만 사이즈가 작은 만큼 세밀한 부분의 바느질은 조금 신경 써야 한다.

중형 인형 (중)
약 15cm

인형을
처음 만들어
본다면
추천하는
사이즈!

기본 사이즈라 복잡한 부분도 바느질하기 쉽다. 몸이 원단 두 장을 서로 맞대고 바느질하는 형태기 때문에 초보자도 충분히 도전할 수 있디! 몸에 비해 머리가 조금 커서 데포르메한 캐릭터처럼 보인다.

대형 인형 (대)
약 20cm

한 번쯤
만들어
보고 싶은
자립 인형!

언뜻 보면 팔, 몸, 다리를 각각 연결해 튼튼한 바디를 만들기는 어렵다고 생각할 수 있다. 하지만 순서대로 차근차근 바느질하면 문제없다. 필요한 게 있다면 바로 쓴기! 옷 갈아입히기를 좋아하는 사람에게 추천한다.

인형 옷 사이즈

이 책에서 소개하는 인형 옷 사이즈도 『최애를 닮은 나만의 솜인형 만들기』와 같다.
소형 · 중형 · 대형 세 가지 사이즈 솜인형에 꼭 맞는 옷을 만들 수 있다.

인형 옷 종류에 따라 사이즈마다 만들기 방법이나 도안이 다른 경우가 있다. 옷을 만들기 전에 반드시 각 페이지 상단에 있는 사이즈 표기를 확인하자.

※아이템별로 모든 사이즈의 도안을 실었다. p.90부터 참고하자.

착용 컷

(대)

대형 인형의 옷 만들기
방법이다.

(중)(소)

중형 · 소형 인형의 옷 만들기 방법이다. 만드는 방법은 같아 이 책에서는 중형 사이즈 옷 만들기 방법의 사진을 실었다. 중형 · 소형 인형은 옷 만들기 방법과 도안이 같지만, 크기가 다르니 주의하자.

(대)(중)(소)

세 가지 사이즈 인형의 옷 만들기 방법이 모두 같거나 제작 과정의 일부만 다르다.

안녕,
반가워!

Contents

기본 스타일

티셔츠

플레어 스커트

팬츠

학교 의상

재킷

스탠드칼라 교복

**세일러칼라 셔츠+
플리츠 스커트**

탱크 톱

와이셔츠

베스트

오픈칼라 셔츠

특공복+본탄

체육복

일본 전통 의상

기모노

하오리

하카마

소품

캡

베레모

스니커즈

부츠

로퍼

솜인형들의 학교 생활

왼쪽부터 순서대로 **중** 스탠드칼라 교복
(p.38), 팬츠(p.30)／**대** 스탠드칼라 교복
(p.36), 팬츠(p.27)／**소** 세일러칼라 셔츠
(p.43), 플리츠 스커트(p.45)／**중** 세일러
칼라 셔츠(p.43), 플리츠 스커트(p.45)

오늘의 주번!

【사진 오른쪽 위】 왼쪽부터 순서대로 ⓢ 스탠드칼라 교복(p.38), 팬츠(p.30) / ⓜ 스탠드칼라 교복(p.38), 팬츠(p.30)

【사진 가운데 왼쪽】 ⓜ 와이셔츠(p.52), 베스트(p.54), 넥타이(p.55), 팬츠(p.30)

【사진 가운데 오른쪽】 왼쪽부터 순서대로 ⓛ 특공복(p.60), 본탄(p.61) / ⓛ 세일러칼라 셔츠(p.40), 플리츠 스커트(p.45)

【사진 아래】 ⓛ 스탠드칼라 교복(p.36), 팬츠(p.27)

수업 시작하자~

매점 가자!

댕-동 댕-동

공연
연습!

【사진 왼쪽】ⓢ 티셔츠(p.24), 플레어
스커트(p.25)
【사진 오른쪽】ⓜ 와이셔츠(p.52), 플
레어 스커트(p.25), ⓛ 베레모(p.80)
【사진 아래】왼쪽부터 순서대로 ⓛ
특공복(p.60), 본탄(p.61)／ⓜ 특공복
(p.63), 본탄(p.64), 탱크 톱(p.47)／
ⓢ 특공복(p.63), 본탄(p.64)

오늘은
다들
모이겠군

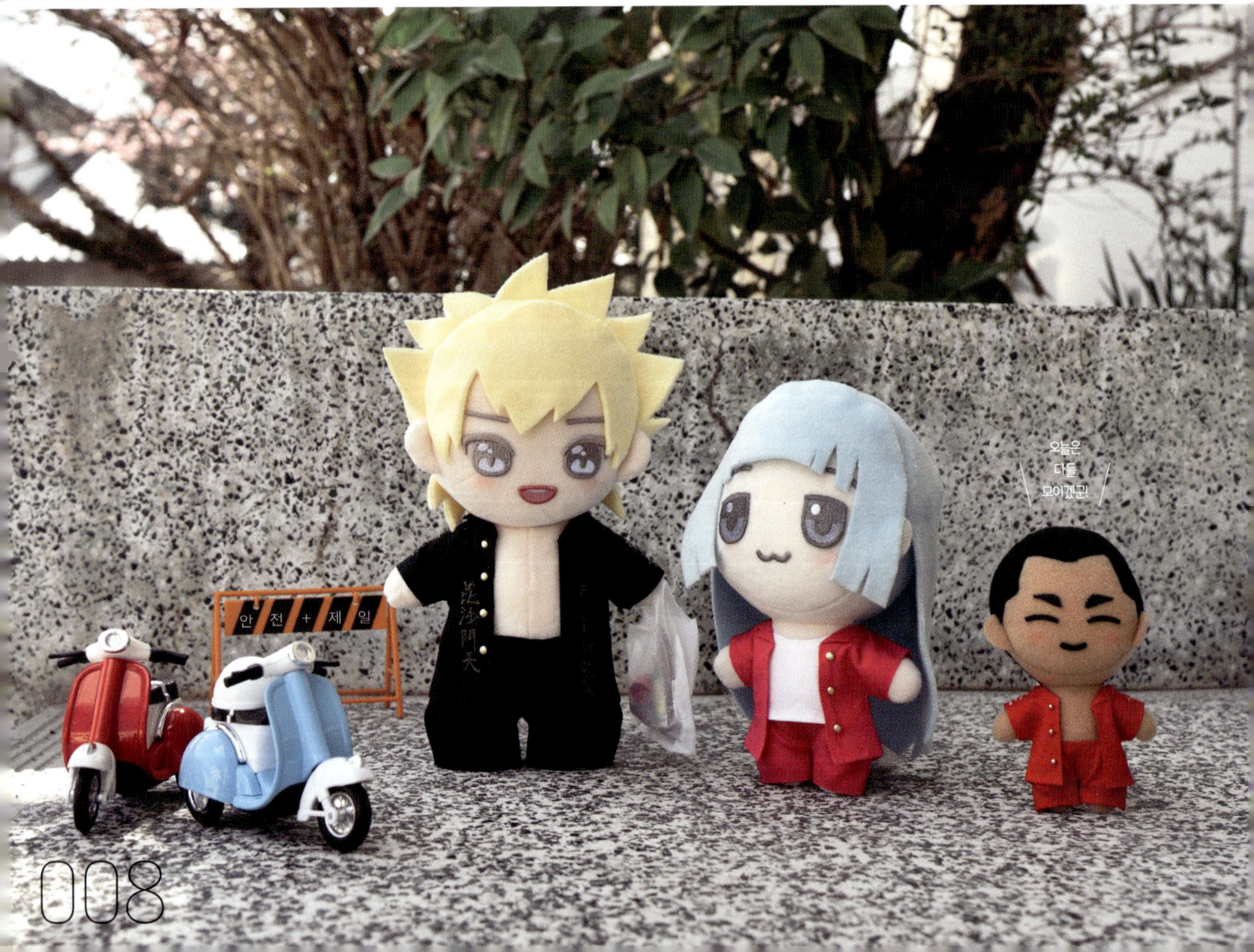

Let's
enjoy oshi life♡

우리는 청춘

사범님
부탁
드립니다!!

좋다!

왼쪽부터 순서대로 ⓐ 기모노(p.69), 하카마
(p.74)／ⓑ 기모노(p.69), 하카마(p.74)／ⓒ
기모노(p.69), 하카마(p.74)

얍!

왼쪽부터 순서대로 ⓑ
체육복(p.67), 탱크 톱
(p.47), 팬츠(p.30)／ⓒ
체육복(p.65), 팬츠(p.30)

Go to the top!

【사진 위】 왼쪽부터 순서대로 (중) 축구 유니폼(p.23), 팬츠(p.30) / (소) 체육복(p.67), 탱크 톱(p.47), 팬츠(p.30), (S) 캡(p.79)
【사진 가운데】 (중) 농구 유니폼(p.48), 팬츠(p.30)
【사진 아래】 왼쪽부터 순서대로 (소) 기모노(p.69), 하오리(p.72) / (대) 기모노(p.69), 하오리(p.72)

멋진 배경으로
사진을 찍어 보자!

인형 옷 만들기 · 기초 편

바느질하려면 특별한 손재주가 있어야 한다고 생각하나요?
바느질에는 소질이 없다고 생각하나요?
걱정하지 마세요! 바느질은 모두에게 친절한 친구니까요!
바느질은 정말 즐거운 일이랍니다.
먼저 기초 바느질 기법을 배워 봅시다.
멋진 인형 옷 만들기를 준비하는 과정이에요!

매일 즐겁게
바느질하자!

도구

이 책에서 사용하는 도구를 소개한다.

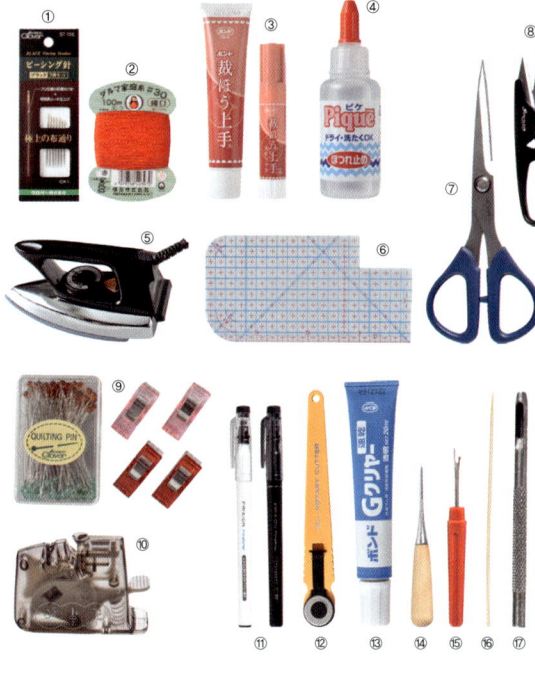

① 재봉 바늘
원단을 부드럽게 통과하는 바늘이 좋다. 바늘구멍이 작은 경우 ⑩실 끼우개를 사용하면 편리하다.

② 재봉실
솜인형 옷을 만들 때는 30~50수 실이 적당하다.

③ 수예용 풀
원단을 붙일 때 사용한다. 스틱 타입은 바르기 편하고, 튜브 타입은 세밀한 작업을 할 때 좋다.

④ 올풀림 방지액
원단 끝부분에 바르면 올풀림을 방지할 수 있다.

⑤ 다리미
원단 끝부분을 접거나 시접을 가를 때, 접착 심지 등을 붙일 때 사용한다.

⑥ 시접자
원단 시접을 접어 다릴 때 사용하면 편리하다.

⑦ 수예용 가위
원단을 재단할 때 사용한다. 날 끝이 가늘어 세밀한 부분까지 쉽게 자를 수 있는 제품을 추천한다.

⑧ 쪽가위
실을 자를 때 사용한다.

⑨ 시침핀, 시침 클립
시침핀은 바늘이 가늘고 머리가 작은 제품을 추천한다.

⑩ 실 끼우개
원터치로 바늘에 실을 쉽게 끼울 수 있어 편리하다.

⑪ 펜
도안을 원단에 옮겨 그릴 때 사용한다. 잘 지워지는 열펜이나 초크펜을 추천한다.

⑫ 재단칼
원단을 자를 때 사용하면 편리하다.

⑬ 접착제
합성피혁을 붙일 때 사용한다. 수예용 풀과 별개로 필요하다.

⑭ 송곳
바느질한 뒤 소매 등의 모서리를 뺄 때 사용하면 편리하다.

⑮ 리퍼(실뜯개)
바느질을 잘못한 경우 바늘땀을 뜰 때 사용한다.

⑯ 대나무 꼬치
원단에 수예용 풀을 바를 때 사용하면 편리하다.

⑰ 홀 펀치
두꺼운 원단에 구멍을 뚫을 때 망치로 두드려 사용한다.

원단 및 재료

이 책에서 사용하는 원단과 재료를 소개한다.

브로드클로스
부드러운 감촉이 특징인 얇은 원단이다. 컬러와 무늬가 다양해 어떤 디자인에도 사용하기 좋다.

싱글 저지
신축성이 있으며 얇고 가벼운 원단이다. 티셔츠나 체육복 등 활동적인 옷에 적합하다.

덩거리
감촉은 데님과 비슷하지만, 데님보다 얇고 가벼운 원단이다.

에이티스퀘어
브로드클로스보다 조금 더 두껍고, 짜임이 잘 보이는 원단이다.

새틴
광택이 있어 고급스러운 느낌이 드는 원단이다.

옥스퍼드
두껍고 탄탄한 원단이다.

울
양털이 원료이며, 적당한 두께와 부드러움을 가진 원단이다.

합성피혁
가죽 느낌이 드는 원단이다. 페이크 레더라고도 부른다.

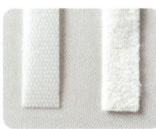

벨크로
탈부착이 쉽다. 인형용으로 나온 얇은 제품을 추천한다.

단추
지름이 4~6mm인 인형용 단추를 준비한다. 비즈 등을 사용해도 된다.

열접착 시트
다리미로 열을 가해 원단끼리 붙일 때 사용한다.

접착 심지
원단을 탄탄하게 만들기 위해 다리미로 원단 안면에 붙인다. 이 책에서는 부직포 타입을 사용한다.

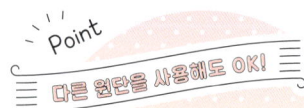

Point

다른 원단을 사용해도 OK!

원단은 꼭 이 책에서 사용하는 원단이 아니어도 된다. 물론 집에 남아 있는 원단을 사용해도 좋다. 특히 브로드클로스와 에이티스퀘어는 비슷한 원단이라 둘 중에 어느 원단으로 만들어도 상관없다. 원단 가게에서 다양한 종류의 원단을 구매할 수 있으니 참고하자.

인형 옷 만들기 기초 테크닉 1

인형 옷을 만들 때 먼저 익혀야 할 바느질 기법을 소개한다.

[Step 1] 원단 재단하기

이 책에서 소개하는 인형 옷 도안은 모두 책 마지막 부분(p.90부터)에 실려 있다.
만들고 싶은 옷을 정했다면 도안을 준비하고 원단을 재단하자.

도안을 원단에 옮겨 그리기

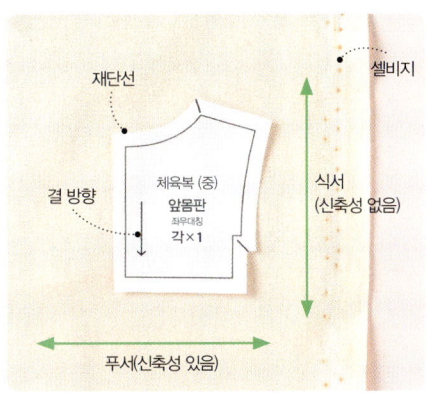

① 도안을 복사하거나 트레이싱 페이퍼에 옮겨 그린 뒤 자른다

재단선을 따라 모든 부위의 도안을 자른다.

② 원단의 결 방향에 맞게 도안을 놓는다

- 원단의 식서 방향과 도안에 표시된 결 방향이 평행이 되도록 도안을 놓는다.
- 원단에 셀비지가 있다면 셀비지와 도안의 결 방향을 평행하게 놓는다. 셀비지가 없다면 원단을 조금 잡아당겼을 때 늘어나지 않는 쪽이 식서 방향, 늘어나는 쪽이 푸서 방향이다.

※셀비지는 원단 폭의 양쪽 끝부분을 말한다. 올이 나풀거리거나 구멍이 뚫려 있다.

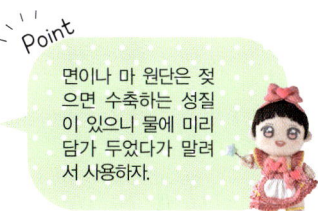

Point
면이나 마 원단은 젖으면 수축하는 성질이 있으니 물에 미리 담가 두었다가 말려서 사용하자.

---

③ 도안을 옮겨 그린다

열펜이나 초크펜으로 도안을 원단에 옮겨 그린다.

마스킹 테이프로 도안을 고정하면 움직이지 않아!

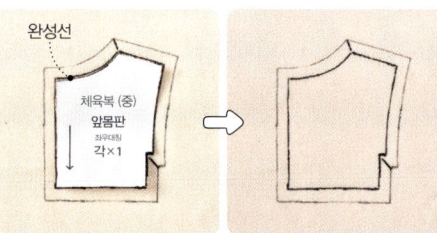

완성선

④ 시접을 옮겨 그린다

완성선을 따라 도안을 자른 뒤 시접을 옮겨 그린다. 맞춤점 표시와 가위집 표시도 잊지 말고 모두 옮겨 그리자.

Point
베테랑이라면 재단선만 옮겨 그려도 괜찮아!

올풀림 방지액 바르기

끝부분의 올이 풀리는 원단은 재단하기 전에 올풀림 방지액을 발라서 자연 건조한다. 재단선과 가위집 표시에도 바르자.

Point
방지액은 원단에 잘 스며드니 한 번에 많이 나오지 않게 주의하자.

Point
도안에 '골선'이 있을 때는?

골선은 좌우대칭인 도안의 오른쪽·왼쪽 절반을 표시한 선이다. 골선이 있는 도안이라면 사진과 같이 골선을 중심으로 도안을 뒤집어 위치를 맞춘 다음 반대쪽에도 똑같이 옮겨 그리면 된다.

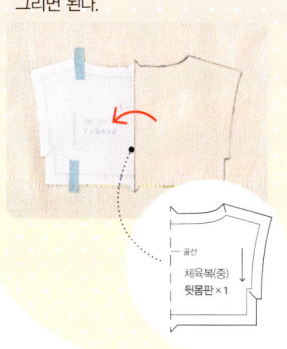

원단 재단하기

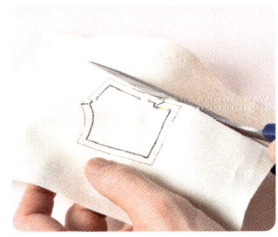

재단선을 따라 수예용 가위로 원단을 자른다.

선이 긴 부분은 재단칼을 사용하면 편리하다.

재단은 쌤쌤하게!

옷의 부위를 연결할 때는 수예용 풀로 붙이는 방법과 바느질로 연결하는 방법이 있다.

풀로 붙이기

겉에서 솔기가 보이는 부분

소매, 밑단, 칼라 등 바느질하면 겉에서 솔기가 보이는 부분은 수예용 풀로 붙인다.

소매, 밑단, 칼라 등

바느질해도 좋아!

하지만 자신이 편한 방법으로 만들어도 괜찮아!

바느질하기

탄탄한 연결이 필요한 부분

몸판의 옆선 등 어느 정도 탄탄하게 연결할 필요가 있는 부분은 바느질한다.

옆선 등

수예용 풀 사용이 서툴거나 바느질하는 게 더 빠르다고 생각하면 바느질로 연결해도 상관없다. 자신이 편한 방법으로 만들자.

→ p.18 column으로!

● 수예용 풀 사용 방법

수예용 풀로 원단을 붙일 때는 다음의 순서를 따른다.

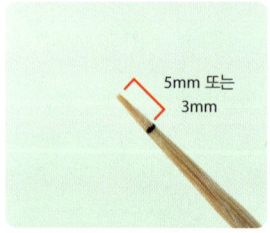
5mm 또는 3mm

① 대나무 꼬치 끝에 시접 폭을 표시한다

이 책에 실려 있는 도안의 시접 폭은 대형·중형 5mm, 소형 3mm다. 사진과 같이 시접 폭을 표시해 두면 필요한 만큼만 풀을 바를 수 있어 좋다.

맞닿은 부분을 붙인다
안 / 겉

② 바르기 전에 풀로 붙일 부분을 확인한다

풀을 바르기 전에 연결할 부위를 겹쳐 두고 완성될 모습을 확인한다. 이렇게 하면 풀을 잘못된 부분에 바르는 실수를 줄일 수 있다.

③ 풀을 묻혀 얇게 펴 바른다

원단에 풀이 묻으면 쉽게 더러워진다. 따라서 종이 등 다른 곳에 풀을 적당히 짠 다음, 대나무 꼬치에 묻혀 시접에 최대한 얇게 조금씩 바른다.

Point
귀찮다고 튜브 타입 풀을 원단에 직접 바르면 안 돼!

Point

수예용 풀을 제거하고 싶다면?

실수로 풀을 다른 부분에 발랐거나 원단에 묻어서 더러워졌다면, 아세톤으로 어느 정도 제거할 수 있다. 아세톤을 묻힌 면봉으로 원단을 톡톡 두드려 스며들게 한 뒤 조심스럽게 떼어내자.

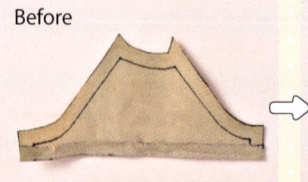
Before

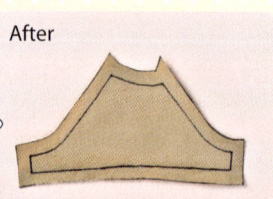
After

 아세톤을 사용할 때는 반드시 남는 원단에 먼저 시험해 보자. 원단에 따라 무늬가 지워지거나 손상될 수 있다.

● 손바느질하는 방법

이 책에서는 옷의 부위를 바느질로 연결할 때 반박음질로 연결한다.

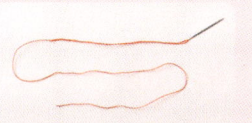

한 줄 바느질
실을 바늘에 통과시킨 뒤 한쪽 실만 매듭지어 실 한 줄로 바느질하는 방법이다. 이 책에서는 손바느질할 때 실을 한 줄만 사용한다.

바느질 시작 — 시작 매듭짓기

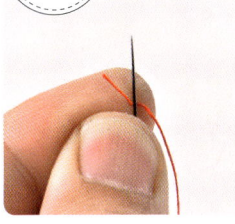

① 실을 바늘에 통과시킨 뒤 긴 쪽의 실 끝을 검지에 두고 바늘로 누른다.

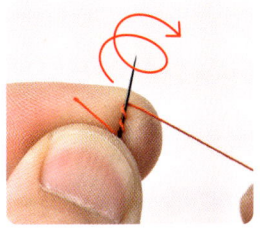

② 긴 쪽의 실을 바늘에 2~3번 감는다.

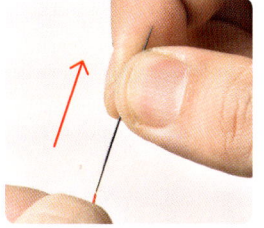

③ 감은 실을 엄지와 검지로 누르고 바늘을 빼낸다.

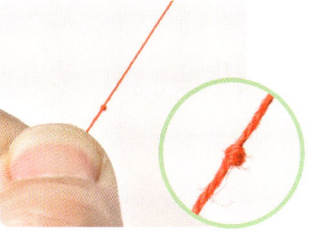

④ 매듭이 지어졌다. 남은 실은 매듭에서 2~3mm 정도 남기고 자른다.

바느질

반박음질 하는 방법

반박음질은 바늘땀을 반만 되돌아 뜨는 방법이다. 실을 겹쳐가며 바느질하므로 내구성이 높아져 튼튼하게 완성할 수 있다. 이 책에서는 손바느질할 때 모두 반박음질로 마무리한다. 다만 벨크로를 달 때는 홈질해도 상관없다.

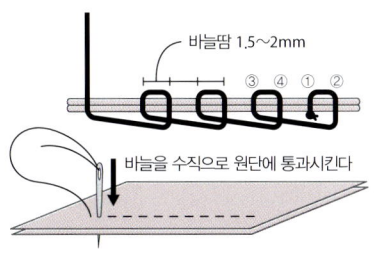

바늘땀 1.5~2mm

바늘을 수직으로 원단에 통과시킨다

①에서 바늘을 빼서 ②의 위치로 돌아가 꽂은 다음 ③으로 뺀 뒤 ④에 꽂는다. 이 과정을 반복한다.

Point · 시침핀 꽂는 방법

바느질 시작점과 끝점 사이의 길이가 길거나 세밀한 위치를 맞춰야 하는 부분을 바느질할 때는 원단이 어긋나지 않게 시침핀으로 고정한다. 완성선과 수직이 되도록 원단을 2~3mm 정도 살짝 뜨듯이 꽂는다.

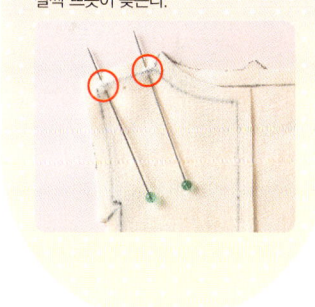

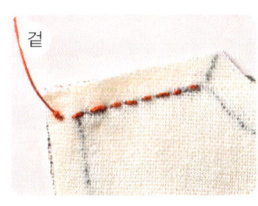

겉

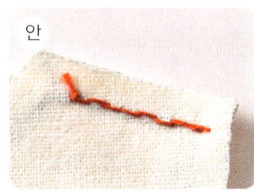

안

겉에서 보면 홈질처럼 보이고, 안에서 보면 이어진 선처럼 보인다.

바느질 마무리 — 끝 매듭짓기

① 바느질이 끝난 부분에 바늘을 대고 힘을 주어 누른 채로 실을 2~3번 감는다.

② 감은 실을 엄지와 검지로 누르고 바늘을 빼낸다.

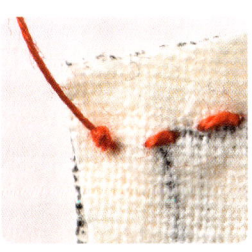

③ 끝 매듭이 지어졌다. 남은 실은 매듭에서 2~3mm 정도 남기고 자른다.

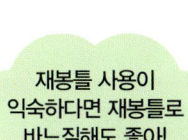

재봉틀 사용이 익숙하다면 재봉틀로 바느질해도 좋아!

인형 옷 만들기 기초 테크닉 2

이외에도 알아야 할 중요한 기법이 있다. 옷의 완성도는 여기서 결정된다.

시접 접기

소매, 밑단, 칼라 등의 시접을 접을 때는 시접자를 대고 다리미로 다리자! 이렇게 하면 깔끔한 라인을 만들 수 있다.

곡선 부분을 접을 때는 시접에 가위집을 낸 뒤, 사진과 같이 하나씩 꼼꼼하게 접어 다린다.

겉끼리/안끼리 맞대기

옷의 부위를 풀로 붙이거나 바느질로 연결할 때, 원단 두 장을 겉끼리 마주 보게 놓는 것을 '겉끼리 맞대기'라고 한다. '안끼리 맞대기'는 안면끼리 마주 보게 놓는 것을 말한다.

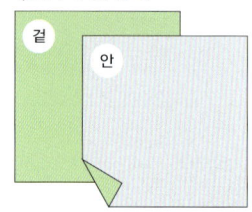

〈겉끼리 맞대기〉

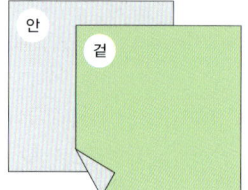

〈안끼리 맞대기〉

시접 가르기/넘기기

시접을 양쪽으로 펼치는 것을 '시접 가르기'라고 한다. '시접 넘기기'는 시접을 한쪽으로 넘기는 것을 말한다. 시접을 가르거나 넘길 때는 다리미로 깔끔하게 처리하자.

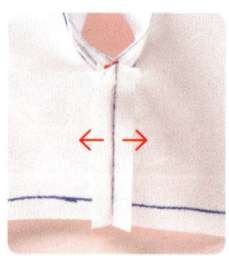

〈시접 가르기〉

〈시접 넘기기〉

완성선

시접을 한쪽으로 넘길 때 겉면에서 다리면 시접이 완성선에 맞춰 넘어가기 때문에 깔끔하게 완성할 수 있다.

곡선 부분에 가위집 내기

소매나 칼라 등 도안이 곡선인 부분을 그대로 접어 풀로 붙이면 원단이 당겨지면서 울게 된다. 가위집을 낸 뒤에 붙이면 곡선을 깔끔하게 마무리할 수 있다.

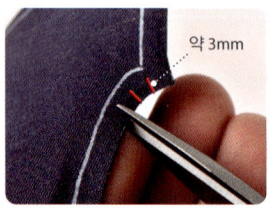

약 3mm

가위집은 완성선이 잘리지 않도록 시접에 3mm 정도로 낸다.

곡선 부분에 가위집을 낸 뒤 시접을 접어 풀로 붙인 모습.

Column

수예용 풀 사용이 어려울 때는 바느질로

곡선 부분 등 시접을 접어서 수예용 풀로 붙이기 어렵다면 바느질해도 괜찮다. 겉에서 솔기가 보이게 되지만, 나름 포인트가 될 수 있다. 바느질할 때는 접은 부분의 가운데쯤을 바느질하자.

가운데를 바느질하자!

원단 붙이기

양면 열접착 시트를 사용해 원단 두 장을 붙이면, 바느질하지 않고도 원단을 두껍게 만들 수 있다. 수예용 풀을 사용해 붙여도 된다.

〈 놓는 순서 〉

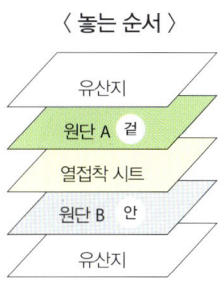

| 유산지 |
| 원단 A 겉 |
| 열접착 시트 |
| 원단 B 안 |
| 유산지 |

한 군데를 10초씩 꾹꾹 누르자!

① 유산지 두 장, 원단 두 장, 열접착 시트를 오른쪽 그림의 순서대로 겹친다.

② 다리미는 중간 온도(140~160℃)로 설정하고 한 군데씩 꾹꾹 눌러 붙인다.

③ 원단을 붙인 뒤에는 도안을 옮겨 그리고 재단한다. 원단 A가 겉면, 원단 B가 안면이 된다.

접착 심지 붙이기

원단을 탄탄하게 해주는 접착 심지는 캡(p.77) 등을 만들 때 사용한다.

① 원단의 안면과 접착 심지의 접착면(반짝거리는 면)이 마주 보게 놓는다.
② 다리미는 중간 온도(140~160℃)로 설정하고 체중을 실어 한 군데씩 꾹꾹 눌러 붙인다.
③ 심지를 붙인 뒤에는 원단에 도안을 옮겨 그린 뒤 재단한다.

한 군데를 15~20초씩 꾹꾹 누르자!

원단 안

접착 심지

Point

다림질하듯 밀어서 이동하면 접착 심지가 틀어질 수 있어. 반드시 다리미를 들어서 이동하자. 심지가 붙으면 조금 식힌 뒤에 원단을 움직여야 해!

벨크로 달기

몸판의 뒤 중심이나 앞 중심에 바느질한다. 이때 후크와 루프의 위치가 바뀌지 않도록 주의하자. 후크를 고정되는 쪽에, 루프를 열고 닫는 쪽에 단다.

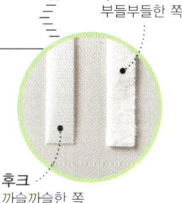

루프
부들부들한 쪽

후크
까슬까슬한 쪽

〈뒤 중심〉

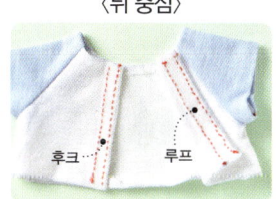

후크   루프

〈앞 중심〉

후크   루프

다트 바느질하기

다트는 평면인 원단에 입체감을 주기 위한 것이다. 이 책에서는 베레모(p.80) 등을 만들 때 나온다.

다트

다트 끝점

겉끼리 맞대기

① 다트 부분을 겉끼리 맞대고 반으로 접는다. 다트 끝점까지 바느질한다.

② 겉에서 본 모습. 사진과 같이 입체감이 생긴다.

Column

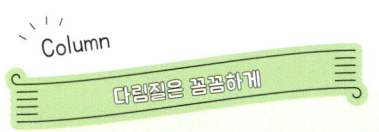

다림질은 꼼꼼하게

시접 접기, 시접 가르기/넘기기 등 다양한 과정에서 다리미는 꼭 필요하다. 다림질을 꼼꼼하게 해야 깔끔하게 완성할 수 있다. 열펜으로 도안을 옮겨 그렸다면 다리미의 열로 선이 지워질 수 있으니 주의하자.

다리미를 얕보면 울게 될지도 몰라!

대답해 드려요

초보자를 위한 인형 옷 만들기 Q&A

 by 다큐트

당황하지 말고 차근차근 해보자

진짜야근!

🌸 도구에 대해

Q 1000원숍에서 판매하는 도구를 사용해도 되나요?

A 물론 제대로 된 도구를 갖추면 가장 좋겠지만, 1000원 숍에도 생각보다 쓸만한 도구가 많다. 조금씩 좋은 도구 로 업그레이드하는 과정도 꽤 즐겁다. 그러니 일단 실패 해도 괜찮다는 생각으로 도전해 보자. 다만 수예용 가위 만큼은 좋은 제품으로 사용하는 것을 추천한다.

Q 부착형 벨크로를 사용해도 되나요?

A 원단의 특성에 따라 부착형 벨크로가 쉽게 떨어질 수도 있다. 따라서 완성도를 높이기 위해서는 봉제 형 벨크로를 사용하는 편이 좋다.

🌸 원단에 대해

Q 원단은 어디서 구매하나요?

A 근처 원단 가게에서 직접 보고 구매할 수 있 다. 폭 90～150cm 정도의 롤 형태로 판매하 는 곳이 많다. 사장님에게 원하는 길이를 말하 면 필요한 cm만큼 잘라 준다. 자투리 천을 모 아 놓고 판매하는 원단을 사용해도 되고 더 이상 필요 없는 옷을 잘라서 사용해도 된다. 물론 인터넷에서도 쉽게 구할 수 있다.

Q 어떤 원단을 사용해야 하나요?

A 솜인형 옷을 만들 때는 적당히 얇은 원 단을 선택하자. 사람이 입는 옷에 사용되 는 원단은 작은 솜인형에게 조금 두꺼울 수도 있다. 사람이 입을 블라우스를 만들 때 두꺼운 데님을 사용하지는 않는다. 마 찬가지로 사이즈가 작은 솜인형 옷을 만 들 때는 어느 정도 얇은 원단이 좋다.

Q 면 원단과 폴리에스터 원단 중 뭐가 좋을까요?

A 직접 눈으로 보고 마음에 드는 질감의 원단 을 선택하자. 폴리에스터는 약간의 광택이 있고 구김이 잘 생기지 않는 것이 장점이 다. 면은 구김이 쉽게 생기지만 부드러운 촉감이 특징이다. 면 원단은 사용하기 전에 한 번 물에 담가 두었다가 말려서 사용하 자. 이를 '선 세탁'이라고 한다.

Q 옷에 무늬를 넣고 싶으면 어떻게 하나요?

A 글자나 선을 그려 넣고 싶다면 유성 볼펜을 사용하는 것도 방법이다. 짙은 컬러의 원단에는 수정액으로 먼저 그린 다음 그 위에 덧칠하면 발색이 좋다. 큰 무늬를 넣고 싶다면 열 전사지를 사용해 보자. 원하 는 무늬를 잘라서 다리미로 붙일 수 있다. 또한 올이 풀리지 않는 원 단이나 올풀림 방지 처리가 된 원단을 잘라 붙여도 된다.

Q 올풀림 방지액을 발라도 올이 풀릴 때는 어떻게 하나요?

A 원단에 따라 올풀림 방지액을 발라도 효과가 떨어질 수 있다. 특히 새틴처럼 섬세한 원단은 올이 풀릴 가능성이 더욱 높다. 폴리에스터와 같은 화학섬유는 올풀림 방지 액 대신 라이터를 사용해 보자. 원단 끝을 라이터로 살 짝 그을리면 올이 풀리지 않는다. 인형 옷을 만들 부위 에 바로 시도하지 말고 먼저 자투리 천으로 연습하는 것 을 추천한다. 화상을 입지 않도록 주의하자!

🌸 만들기 방법에 대해

Q 수예용 풀을 사용하지 않아도 만들 수 있나요?

A 물론 바느질로도 충분히 만들 수 있다. 도안의 완성선을 따라 바느질하면 된다. 이 책에서는 시접을 한쪽으로 넘기는 부 분이 많지만, 시접을 가르면 훨씬 깔끔하 게 완성할 수 있다. 바느질이 익숙한 사 람이라면 나만의 방법으로 만들어 보자!

Q 최애 캐릭터·아이돌의 의상을 어떻게 만들지 모르겠어요!

A 먼저 최애의 의상을 자세히 관찰한 뒤 비슷 한 형태의 도안을 활용해 칼라 모양이나 옷 기장 등을 바꿔 보자. 의상의 무늬를 똑같 이 그려 넣거나 디테일을 섬세하게 추가하 는 것도 좋은 방법이다. 구조가 복잡한 의 상이라면 과감하게 생략하거나 간단한 형 태로 만들어도 된다.

Q 솜인형과 도안 사이즈가 맞지 않을 때는 어떻게 하나요?

A 솜인형은 솜을 채우는 방법에 따라 조금 더 날씬하거나 통통하게 완성된다. 따라서 솜 인형마다 상세 사이즈는 달라질 수 있다. 먼저 도안을 인형 몸에 대고 사이즈가 맞는 지 확인하자. 도안보다 인형 사이즈가 크다 면 솜을 채운 양을 줄이는 것도 방법이다. 도안의 크기를 조절할 때는 1%씩 확대·축 소하며 확인해 보자.

인형 옷 만들기 · 실전 편

지금부터는 실전이랍니다!
'기본 스타일', '학교 의상', '일본 전통 의상', '소품'
다양한 스타일의 인형 옷과 소품 만드는 방법을 알려 줄게요.
인형 옷은 작기 때문에 꼼꼼하게 만드는 것이 가장 중요해요!
사랑스러운 최애를 생각하며 함께 힘을 내봅시다!

소와 중은
만들기 방법이
같아!

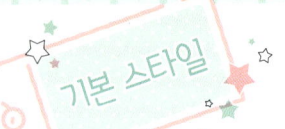
기본 스타일

대

티셔츠

배색이 돋보이는
래글런 티셔츠!

준비물

도안 : p.90 참고

🔍 싱글 저지 ·············· 20×30cm
🔍 벨크로 ·············· 0.8×5.5cm 2개

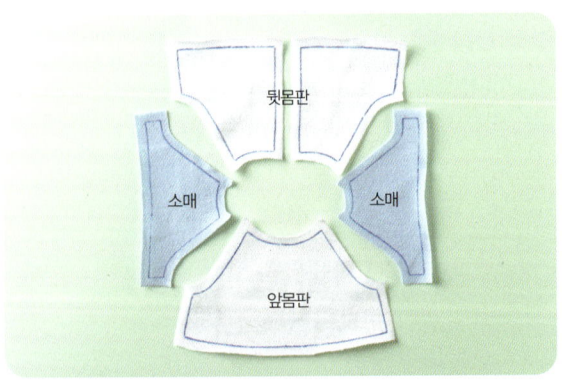

뒷몸판
소매   소매
앞몸판

1 도안을 원단에 옮겨 그린 뒤 모든 부위의 원단을 자른다.

Point
소매는 좌우를 틀리기 쉬우니 주의해서 자르자.

---

2 소맷부리 시접을 완성선 안쪽으로 접어 풀로 붙인다.

Point
수예용 풀로 붙인 뒤 다리미로 한 번 더 다리면 깔끔하게 완성할 수 있어!

맞닿은 부분을 붙인다

안
걸

여기는 풀을 바르지 않는다

3 소매와 앞몸판 겉면의 시접에 풀을 바른 뒤 붙인다. 도안대로 겨드랑이 부분에는 풀을 바르지 않는다.

Point
소매 좌우를 반대로 붙이지 않도록 주의하자.

Point

3과 마찬가지로 겨드랑이 부분에는 풀을 바르지 않아야 해!

맞닿은 부분을 붙인다

안

겉

겉

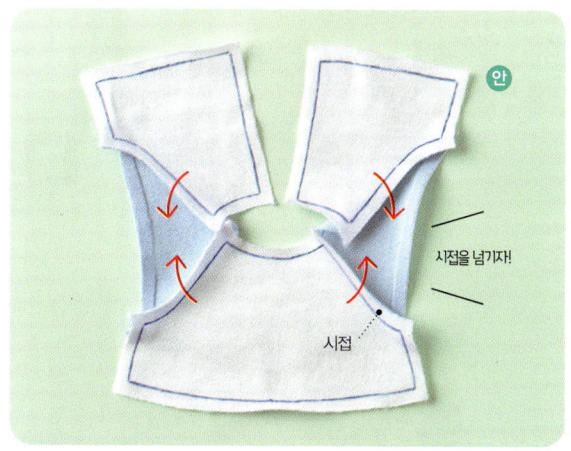

안

시접을 넘기자!

시접

4 소매와 앞몸판을 붙인 상태에서 펼치고 뒷몸판도 같은 방법으로 붙인다.

5 반대쪽 소매와 몸판도 같은 방법으로 붙인 모습. 시접은 모두 소매 쪽으로 넘긴다.

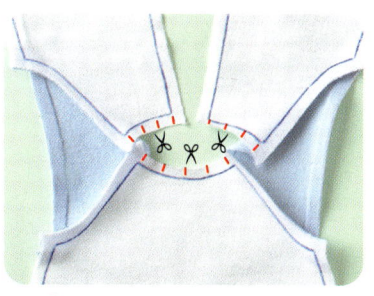

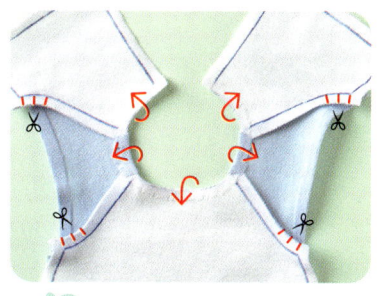

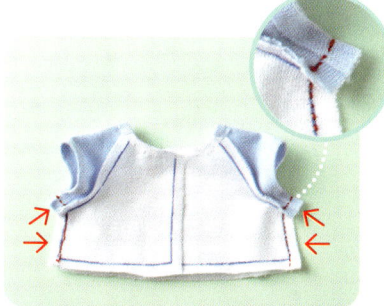

6 목둘레 시접에 가위집을 낸다.

7 6의 목둘레 시접을 완성선 안쪽으로 접어 풀로 붙인다. 겨드랑이 곡선 부분의 시접에 가위집을 낸다.

8 앞몸판과 뒷몸판을 겉끼리 맞대고 소매와 몸판 옆선을 각각 바느질한다.

시접을 가르자!

시접을 가르자!

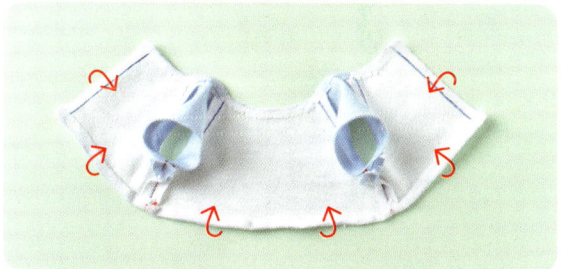

9 소매와 몸판 옆선의 시접을 가른다.

10 밑단과 뒷몸판 양쪽 여밈 부분의 시접을 완성선 안쪽으로 접어 풀로 붙인다.

루프

후크

11 양쪽 여밈 부분에 벨크로를 달면 완성!

Column

축구 유니폼 만들기

어깨선과 옆선에 새틴이나 그로스그레인 리본끈을 붙이고 앞몸판에 아펜을 달아주면 금세 멋진 유니폼이 된다!
티셔츠 7까지 마친 다음에 각자의 취향에 따라 장식을 붙여 보자.

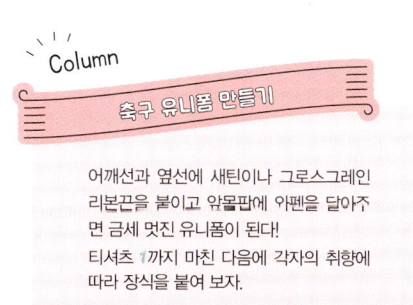

팬츠(p.27~30 참고)

중 소

티셔츠

중

소

준비물

도안 : p.90~91 참고

🔍 싱글 저지

중 20×20cm
소 10×15cm

🔍 벨크로

중 0.8×4.3cm 2개
소 0.5×2.8cm 2개

Point
p.22~23의 티셔츠 대를 참고하자!

뒷몸판

소매   소매

앞몸판

1 도안을 원단에 옮겨 그린 뒤 모든 부위의 원단을 자른다.

어깨

2 소맷부리 시접을 완성선 안쪽으로 접어 풀로 붙인다. 어깨에 가위집을 낸다.

맞닿은 부분을 붙인다

3 앞몸판, 소매, 뒷몸판을 풀로 붙인 뒤 시접은 모두 몸판 쪽으로 넘긴다. 목둘레 시접에 가위집을 낸다.

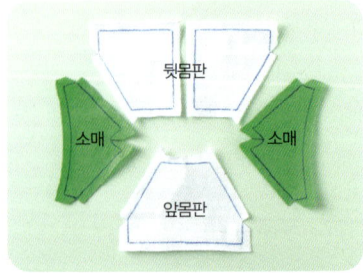

4 3의 목둘레 시접을 완성선 안쪽으로 접어 풀로 붙인다.

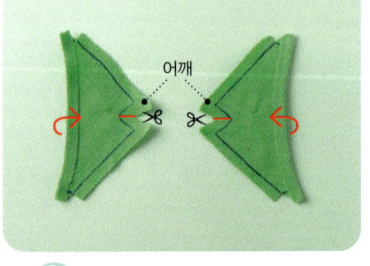
시접

5 앞몸판과 뒷몸판을 겉끼리 맞대고 소매와 몸판 옆선을 바느질한 뒤 시접을 가른다.

루프

후크

6 밑단과 뒷몸판 양쪽 여밈 부분의 시접을 p.23의 10과 같은 방법으로 처리한 뒤 벨크로를 달면 완성!

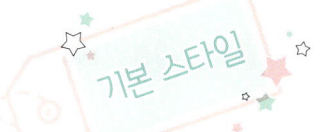

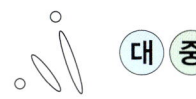

플레어 스커트

밑단이 하늘하늘 퍼지는
실루엣이 예쁜 스커트 ♪

준비물

도안 : p.92~93 참고

- 덩거리 ·················· 대 15×30cm 중 15×15cm 소 5×12cm
- 벨크로 ·················· 대 0.8×4.3cm 2개

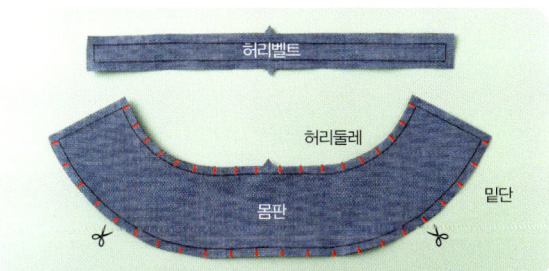

1 도안을 원단에 옮겨 그린 뒤 모든 부위의 원단을 자른다.
몸판의 허리둘레와 밑단 시접에 3mm 정도의 가위집을
약 1cm 간격으로 낸다.

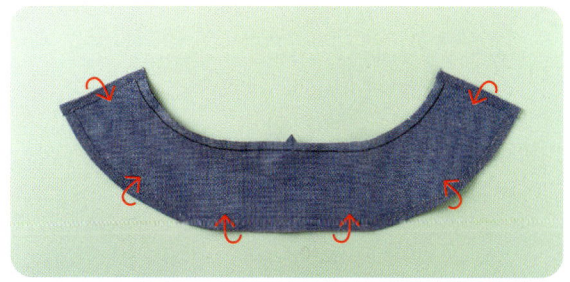

2 몸판의 밑단과 양쪽 여밈 부분의 시접을 완성선 안쪽으로
접어 풀로 붙인다.
※중형·소형 사이즈는 양쪽 여밈 부분을 접지 않는다.

Point

허리벨트 시접에 5mm 폭으로 풀을 바르고, 몸판을 허리벨트에 맞춘다는 느낌으로 붙여 보자!

밑단

몸판 안

허리벨트

맞춤점 표시를 맞춘다

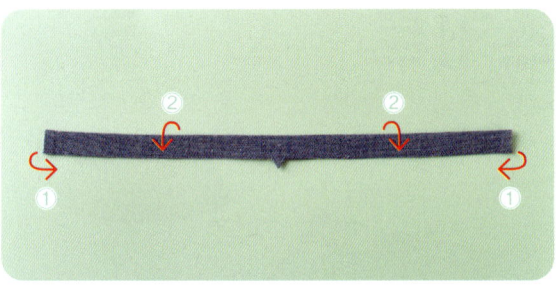

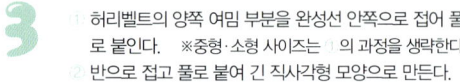

3 허리벨트의 양쪽 여밈 부분을 완성선 안쪽으로 접어 풀로 붙인다. ※중형·소형 사이즈는 ①의 과정을 생략한다.
② 반으로 접고 풀로 붙여 긴 직사각형 모양으로 만든다.

4 허리벨트의 맞춤점 표시와 몸판 허리둘레의 맞춤점 표시를 맞춰 풀로 붙인다. 몸판 시접의 가위집을 벌려 끝에서부터 꼼꼼하게 붙여 나간다.

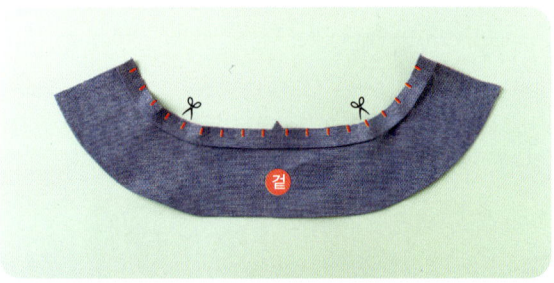

겉

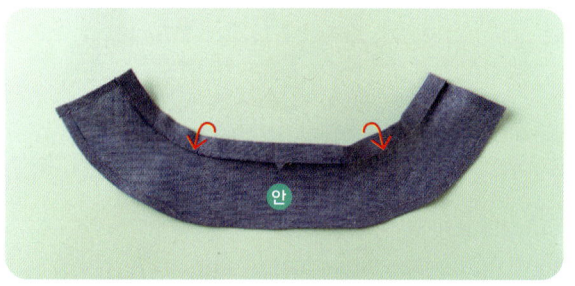

안

5 몸판에 허리벨트를 붙였다면 사진과 같이 허리벨트와 허리둘레 시접에 한 번 더 가위집을 낸다.

6 4에서 붙인 허리벨트 시접을 밑단 쪽으로 넘기고 다리미로 누른다.

겉

루프

후크

7 허리벨트 시접을 밑단 쪽으로 넘겼다. 겉에서 본 모습.

8 양쪽 여밈 부분에 벨크로를 달면 완성!

중 소 사이즈는 벨크로가 필요 없다. 7까지 마친 다음에 끝부분을 바느질한 뒤 겉으로 뒤집어 시접을 가르면 완성!

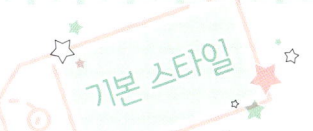

대

팬츠

Back

세련미 뿜뿜
원턱 팬츠!

준비물

도안 : p.94 참고

- 덩거리 ························· 15×30cm
- 벨크로 ····················· 0.8×2.8cm 2개

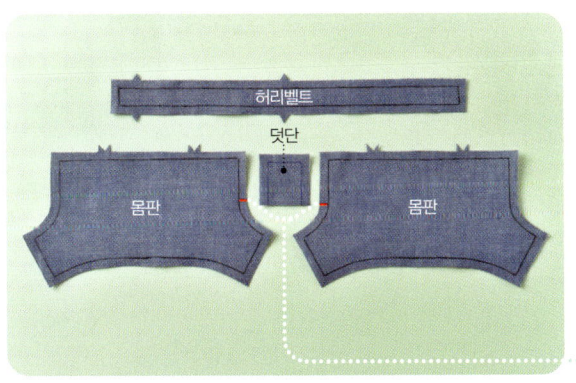

허리벨트
덧단
몸판   몸판

1 도안을 원단에 옮겨 그리 뒤 모든 부위의 원단을 자른다. 몸판 앞 중심의 시접에 도안대로 가위집을 낸다.

Zoom Up
앞 중심

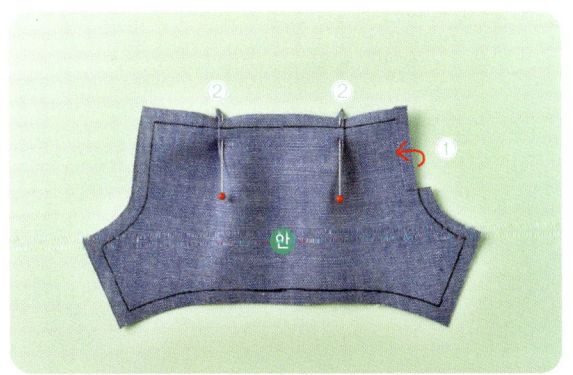

2 ① 1의 가위집 윗부분을 완성선 안쪽으로 접어 풀로 붙인다.
② 도안대로 턱을 접고 다리미로 끝에서 1cm 정도의 주름을 만든다.

3 턱의 주름을 펼쳐서 시접에 풀을 바른다.

4 다시 턱을 접어 풀로 붙인다. 겉면의 턱도 **3**과 같은 방법으로 붙인다.

5 **4**를 겉에서 본 모습.

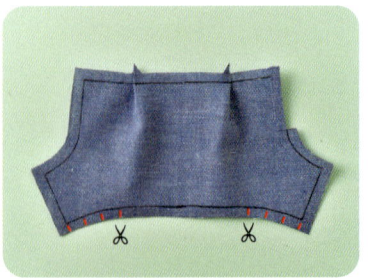

6 밑단 곡선 부분의 시접에 3mm 정도의 가위집을 낸다. 다른 몸판도 **2~6**의 순서대로 만든다.

7 밑단 시접을 완성선 안쪽으로 접어 풀로 붙인다.

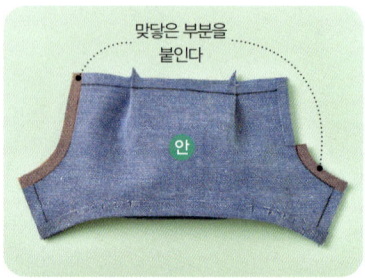

8 몸판 두 장을 겉끼리 맞대고 밑위를 풀로 붙인다.

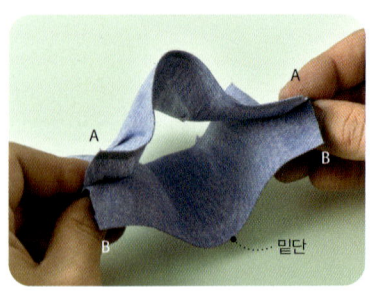

9 몸판 밑단을 앞으로 오게 잡고, 사진과 같이 A는 A끼리 B는 B끼리 맞춘다.

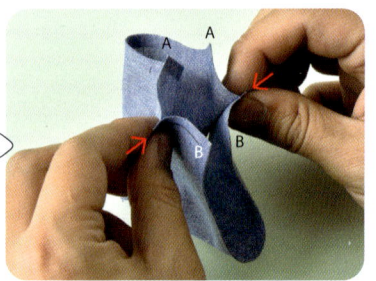

10 A·B 밑아래 시접이 직선이 되도록 옆으로 펼치고 앞뒤 밑아래를 바느질한다.

Point

이때 밑위 시접의 앞은 A쪽으로 뒤는 B쪽으로, 각각 좌우로 넘어가도록 바느질하자.

11 덧단(벨크로를 다는 부분)을 안끼리 맞대고 반으로 접어 풀로 붙인다.

12 **11**을 오른쪽 다리의 앞 중심에 붙인다.

028

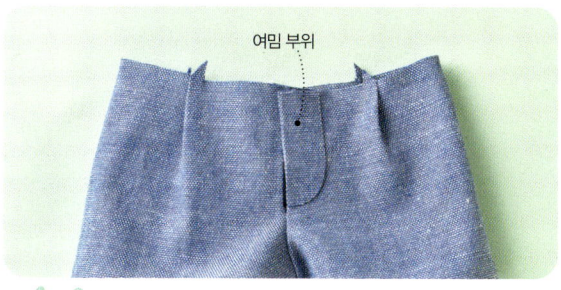

13 겉으로 뒤집은 모습. 사진과 같이 덧단은 오른쪽 다리에 붙게 된다.

여밈 부위

오른쪽 다리   왼쪽 다리

14 덧단을 몸판 안쪽으로 넣는다. 취향에 따라 여밈 부위를 왼쪽 다리의 앞 중심에 붙인다.

이제 제법 팬츠 같아!

15 ① 허리벨트의 양쪽 여밈 부분을 완성선 안쪽으로 접어 풀로 붙인다.
② 반으로 접고 풀로 붙여 긴 직사각형 모양으로 만든다.

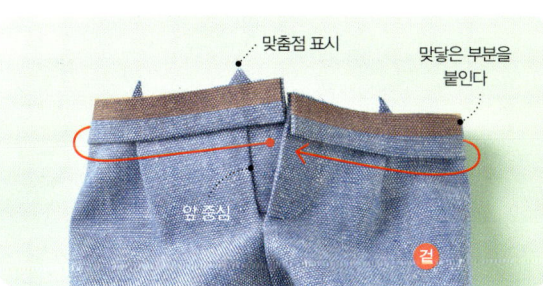

맞춤점 표시

맞닿은 부분을 붙인다

앞 중심

겉

16 몸판과 허리벨트를 겉끼리 맞대고 허리벨트의 맞춤점 표시를 각각 몸판의 뒤 중심과 앞 중심에 맞춘다. 몸판 허리에 빙 둘러 붙인다.

시접

인

17 안으로 뒤집는다. 16에서 붙인 허리벨트 시접을 밑단 쪽으로 넘기고 다리미로 누른다.

겉

18 허리벨트 시접을 밑단 쪽으로 넘겼다. 겉에서 본 모습.

후크

루프

19 덧단과 왼쪽 다리 안쪽에 벨크로를 달고 취향에 따라 주머니를 붙이면 완성!

〈슬랙스 만들기〉
2에서 턱을 접을 때, 턱의 바깥쪽 접음선만 밑단까지 다리미로 다려 주름을 만든다.

중 소

팬츠

중

소

Back 중 소

준비물

도안 : p.94~95 참고

🔍 브로드클로스 ·········· 중 8×20㎝
　　　　　　　　　　　 소 5×14㎝

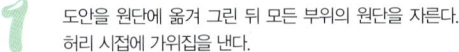

1 도안을 원단에 옮겨 그린 뒤 모든 부위의 원단을 자른다.
허리 시접에 가위집을 낸다.

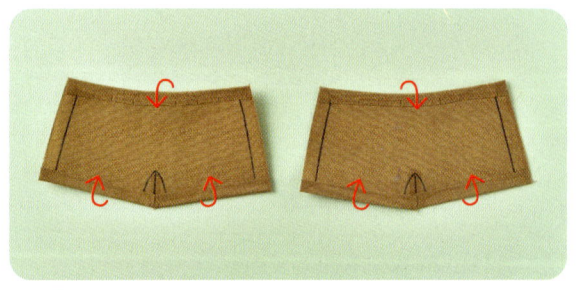

2 밑단과 허리 시접을 완성선 안쪽으로 접어 풀로 붙인다.

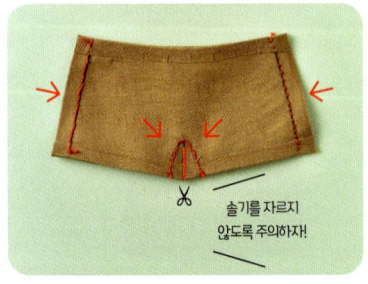

솔기를 자르지
않도록 주의하자!

3 몸판 두 장을 겉끼리 맞대고 옆선과
밑아래를 바느질한다. 밑아래 시접
에 가위집을 내고 시접을 가른다.

4 겉으로 뒤집어 취향에 따라 여밈 부
위를 붙인다.

5 취향에 따라 주머니를 붙이면 완성!

원피스 만들기

기본 아이템을 활용해 만들 수 있는 원피스♪

（대）

참고할 아이템

★ 티셔츠 （대） : p.22
★ 와이셔츠 （대） : p.49

준비물

도안 : p.91 참고

- 브로드클로스 ·············· 20×30cm
- 벨크로 ·············· 0.8×8.3cm 2개
- 단추

1 티셔츠 （대）의 1〜5를 참고해 앞몸
   판, 소매, 뒷몸판을 풀로 붙인다
   (p.22〜23).
2 와이셔츠 （대）의 9〜11을 참고해
   칼라를 단다(p.50).
3 티셔츠 （대）의 8〜11을 참고해 옆
   선을 바느질하고 벨크로를 단다.
   원하는 모양의 단추를 달면 완성
   (p.23).

（중）（소）

참고할 아이템

★ 티셔츠 （중）（소） : p.24
★ 스탠드칼라 교복 （중）（소） : p.38
★ 와이셔츠 （중）（소） : p.52

준비물

도안 : p.92〜93 참고

- 브로드클로스 ·············· （중）16×18cm
  　　　　　　　　　　　　　（소）10×10cm
- 벨크로 ·············· （중）0.8×5.5cm 2개
  　　　　　　　　　　　（소）0.5×3.6cm 2개
- 단추

1 스탠드칼라 교복 （중）（소）의 1〜3을 참고해 앞몸판
   과 뒷몸판을 붙이고 소매를 접는다(p.38).
2 와이셔츠 （중）（소）의 6〜3을 참고해 칼라를 단다
   (p.53).
3 스탠드칼라 교복 （중）（소）의 8〜3를 참고해 옆선을
   바느질하고 밑단과 앞몸판 양쪽 여밈 부분의 시접
   을 완성선 안쪽으로 접는다(p.39).
4 티셔츠 （중）（소）의 6을 참고해 벨크로를 단다. 원하
   는 모양의 단추를 달면 완선(p.24).

（중）

（소）

멜빵 만들기

플레어 스커트(p.25)에 달아 붙였다 뗄 수 있는 멜빵!

준비물

도안 : p.127 참고

- 브로드클로스
  （대）4×15cm
  （중）4×11cm
  （소）3×7.5cm
- 스냅 단추

스냅 단추
(오목 스냅)

스냅 단추
(볼록 스냅)

1 도안을 원단에 옮겨 그린 뒤 원단을 자른다.
2 위아래, 양끝 시접을 완성선 안쪽으로 접어 풀로 붙인다.
3 멜빵 겉면의 양끝에 오목 스냅을 단다.
4 플레어 스커트의 허리벨트 앞쪽과 뒤쪽 ★ 네 군데에 볼록
   스냅을 달면 완성.

Front

Back

Point

스커트에 다는 스냅
단추는 인형에 맞게
위치를 조절하자.

대

재킷

블레이저나 슈트로
활용할 수 있는 재킷!

Back

준비물

도안 : p.95 참고

🔍 에이티스퀘어 ·························· 20×30㎝
🔍 벨크로 ································ 0.8×3.3㎝ 2개

🔍 단추

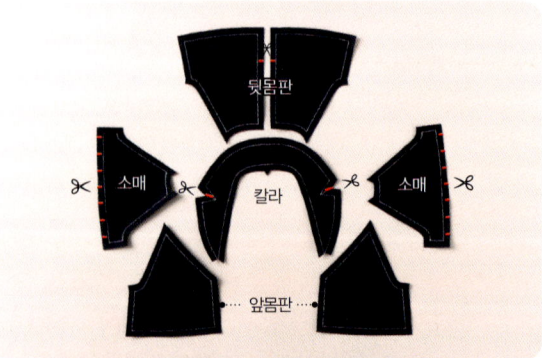

1 도안을 원단에 옮겨 그린 뒤 모든 부위의 원단을 자른다. 소맷부리 시접에 가위집을 낸다. 칼라와 뒷몸판에도 도 안대로 가위집을 낸다.

2 뒷몸판의 가위집 아랫부분을 완성선 안쪽으로 접어 풀로 붙인다.

Point

이렇게 가위집을 내 면 뒤트임이 만들어 져서 뒷모습까지 멋 지게 완성할 수 있어!

3 뒷몸판을 겉끼리 맞 대고 뒤 중심을 풀로 붙인다. 시접은 한쪽 으로 넘긴다.

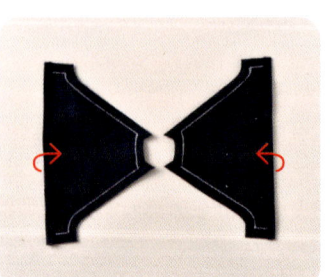

4 소맷부리 시접을 완 성선 안쪽으로 접어 풀로 붙인다.

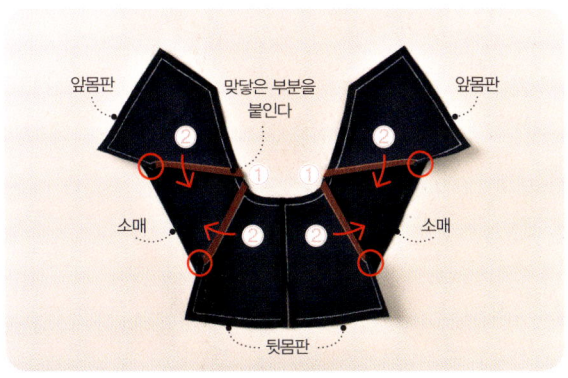

앞몸판　맞닿은 부분을 붙인다　앞몸판

소매　소매

뒷몸판

5 ① 앞몸판, 소매, 뒷몸판을 풀로 붙인다. 도안대로 겨드랑이의 ○ 부분에는 풀을 바르지 않는다.

② 시접은 모두 소매 쪽으로 넘긴다.

Point

p.22~23의 티셔츠 ㉲를 참고하자!

Point

곡선 부분을 풀로 붙이기 어렵다면 손바느질하자. 실수해도 다시 시도할 수 있어!

6 겨드랑이 곡선 부분의 시접에 가위 집을 낸다.

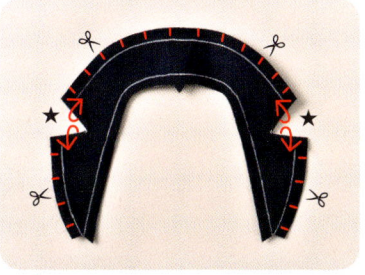

7 사진과 같이 칼라 일부를 완성선 안쪽으로 접어(★) 풀로 붙인다. 칼라 바깥쪽 곡선 부분의 시접에 전체적으로 가위집을 낸다.

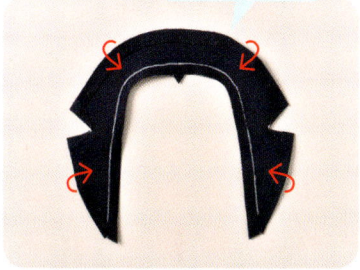

8 가위집 낸 칼라 시접을 완성선 안쪽으로 접어 풀로 붙인다.

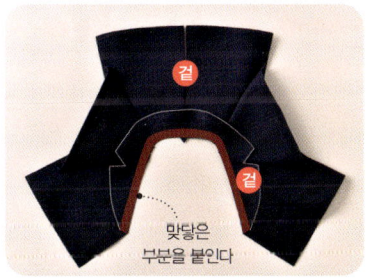

겉　겉

맞닿은 부분을 붙인다

9 ❻의 목둘레 시접에 풀을 바르고 ❽을 붙인다.

10 목둘레 곡선 부분의 시접에 가위집을 낸다.

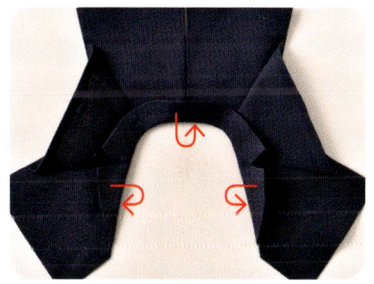

11 칼라 시접을 완성선 안쪽으로 접어 풀로 붙인다.

안

12 앞몸판과 뒷몸판을 겉끼리 맞대고 소매와 몸판 옆선을 각각 바느질한다. 다리미로 시접을 가른다.

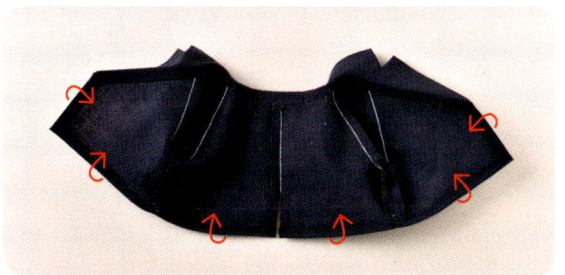

13 밑단과 앞몸판 양쪽 여밈 부분의 시접을 완성선 안쪽으로 접어 풀로 붙인다.

Point

루프를 달 때 사진과 같이 한쪽만 바느질하고 단추와 함께 고정하면 겉에서 솔기가 잘 안 보여!

후크 　　　 루프

몸판의 여밈 방향을 바꾸고 싶을 때는 벨크로를 반대로 달자!

14 양쪽 여밈 부분에 벨크로와 단추를 달면 완성!

중 소

재킷

중 　 소

Back 　 중 　 소

준비물

도안 : p.96 참고

○ 에이티스퀘어
　　　　　　　중 20×20cm
　　　　　　　소 10×15cm

○ 벨크로
　　　　　　　중 0.8×2cm　2개
　　　　　　　소 0.5×1.2cm　2개

○ 단추

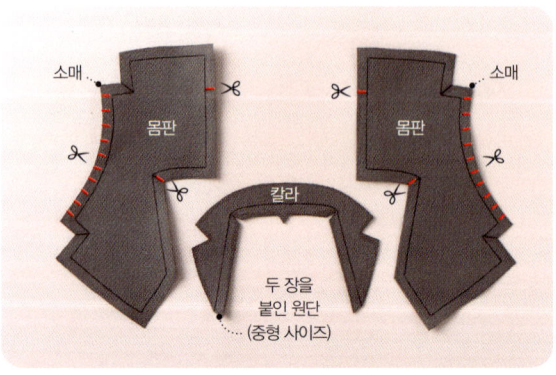

소매 　 몸판 　 몸판 　 소매

칼라

두 장을 붙인 원단
(중형 사이즈)

1 도안을 원단에 옮겨 그린 뒤 모든 부위의 원단을 자른다. 몸판의 소맷부리 시접에 가위집을 낸다. 목 부분과 뒷몸판 쪽에도 도안대로 가위집을 낸다.
중형 사이즈의 칼라는 미리 원단 두 장을 안끼리 맞대어 붙여 둔다. 붙이는 방법은 p.19를 참고한다. 소형 사이즈는 원단을 붙이지 않고 한 장으로 만든다.

곡선 부분을 풀로 붙이기 어렵다면 손바느질하자.
실수해도 다시 시도할 수 있어!

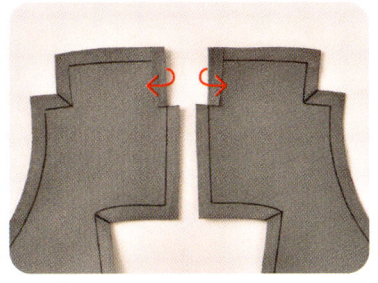
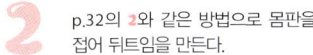

2 p.32의 **2**와 같은 방법으로 몸판을 접어 뒤트임을 만든다.

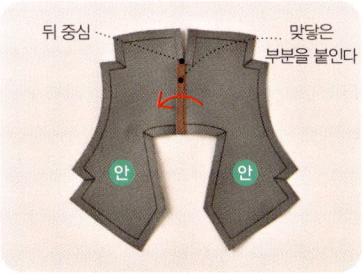

뒤 중심 ⋯⋯ 맞닿은 부분을 붙인다

안   안

3 몸판을 겉끼리 맞대고 뒤 중심을 풀로 붙인다. 시접은 한쪽으로 넘긴다.

4 소맷부리 시접을 완성선 안쪽으로 접어 풀로 붙인다.

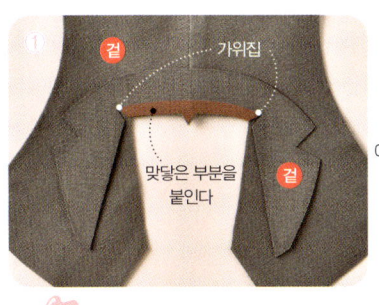

①   겉   가위집

맞닿은 부분을 붙인다   겉

②   맞닿은 부분을 붙인다

5 ① **4**의 목 뒷부분 시접에 풀을 바른다. 목 부분과 칼라의 가위집을 맞춰 붙인다.
② 칼라의 양옆을 붙이고 목둘레 곡선 부분의 시접에 가위집을 낸다.

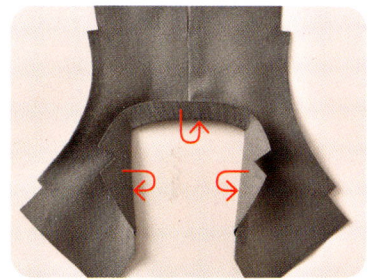

6 칼라 시접을 완성선 안쪽으로 접어 풀로 붙인다.

솔기를 자르지 않도록 수의하자!

7 몸판을 겉끼리 맞대고 소매와 몸판 옆선을 바느질한다. 겨드랑이 부분에 가위집을 내고 시접을 가른다.

8 밑단과 양쪽 여밈 부분의 시접을 완성선 안쪽으로 접어 풀로 붙인다.

후크   루프

9 p.34의 **14**를 참고해 양쪽 여밈 부분에 벨크로와 단추를 달면 완성!

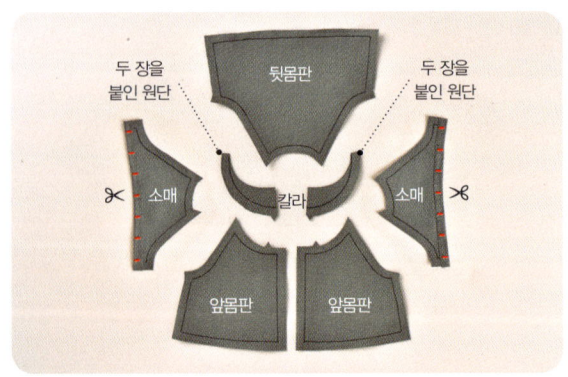

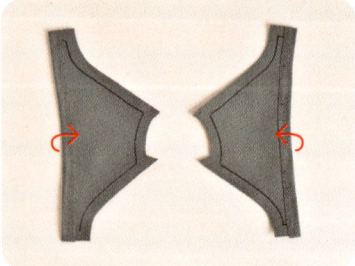

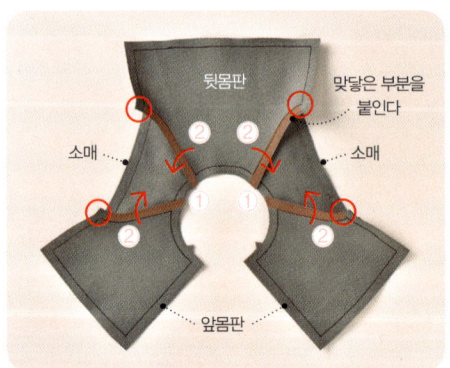

학교 의상

스탠드칼라 교복 대

깔끔한 스탠드칼라가
돋보이는 남학생 교복!

준비물

도안 : p.97 참고

- 에이티스퀘어 ·············· 15×30㎝
- 벨크로 ·············· 0.8×5.3㎝ 2개
- 단추 또는 징 장식

1
두 장을 붙인 원단   뒷몸판   두 장을 붙인 원단
소매   칼라   소매
앞몸판   앞몸판

1. 도안을 원단에 옮겨 그린 뒤 모든 부위의 원단을 자른다. 소맷부리 시접에 가위집을 낸다.
2. 칼라는 미리 원단 두 장을 안끼리 맞대어 붙여 둔다. 붙이는 방법은 p.19를 참고한다.

2
소맷부리 시접을 완성선 안쪽으로 접어 풀로 붙인다.

3
뒷몸판   맞닿은 부분을 붙인다
소매   소매
앞몸판

1. 앞몸판, 소매, 뒷몸판을 풀로 붙인다. 도안대로 겨드랑이의 ○ 부분에는 풀을 바르지 않는다.
2. 시접은 모두 소매 쪽으로 넘긴다.

Point

p.22~23의 티셔츠 대를 참고하자!

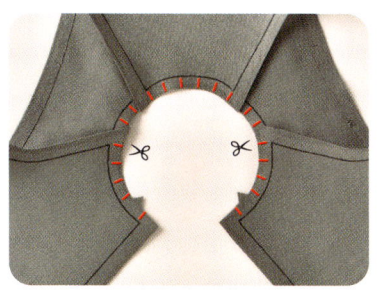

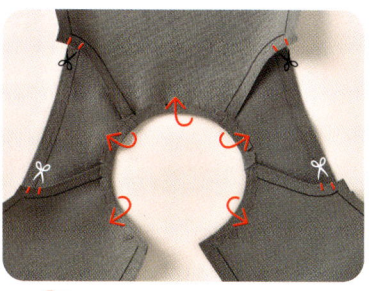

4 목둘레 시접에 가위집을 낸다.

5 ❹를 완성선 안쪽으로 접어 풀로 붙인다. 겨드랑이 곡선 부분의 시접에 가위집을 낸다.

6 앞몸판과 뒷몸판을 겉끼리 맞대고 소매와 몸판 옆선을 각각 바느질한다.

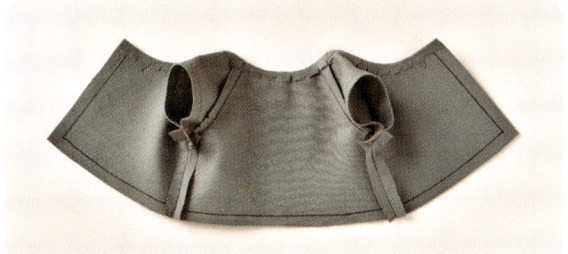

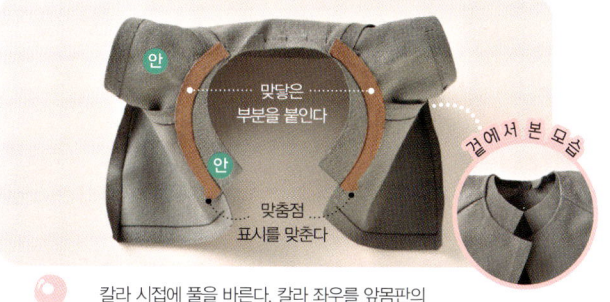

맞닿은 부분을 붙인다

안

안

맞춤점 표시를 맞춘다

겉에서 본 모습

7 다리미로 시접을 가른다.

8 칼라 시접에 풀을 바른다. 칼라 좌우를 앞몸판의 맞춤점 표시에 맞춰 안쪽에서 붙인다.

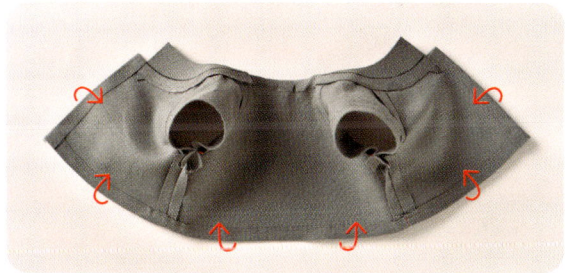

9 밑단과 앞몸판 양쪽 여밈 부분의 시접을 완성선 안쪽으로 접어 풀로 붙인다.

10 p.34의 ❶❹를 참고해 양쪽 여밈 부분에 벨크로와 단추를 달면 완성!

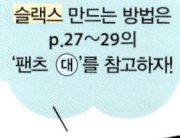

슬랙스 만드는 방법은 p.27~29의 '팬츠 (대)'를 참고하자!

본탄(p.61)과도 잘 어울려!

단추 대신 징 장식을 사용해 보자. 원단에 가시발을 찔러 넣고 펜치로 구부리면 된다.

가시발을 구부린다

가시발

스탠드칼라 교복

준비물

도안 : p.97~98 참고

○ 에이티스퀘어
  - 중 15×15cm
  - 소 10×10cm
○ 벨크로
  - 중 0.8×3.8cm 2개
  - 소 0.5×2.5cm 2개
○ 비즈

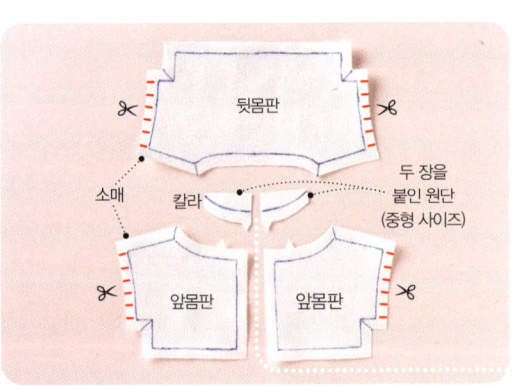

뒷몸판
소매 칼라
두 장을 붙인 원단 (중형 사이즈)
앞몸판 앞몸판

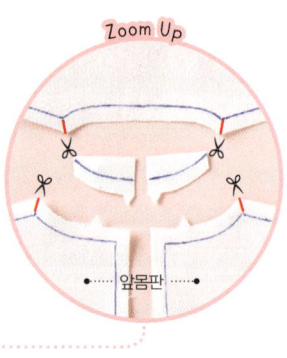

Zoom Up
앞몸판

1
① 도안을 원단에 옮겨 그린 뒤 모든 부위의 원단을 자른다. 몸판의 소맷부리 시접에 가위집을 낸다. 어깨에도 도안대로 가위집을 낸다.
② 중형 사이즈의 칼라는 미리 원단 두 장을 안끼리 맞대어 붙여 둔다. 붙이는 방법은 p.19를 참고한다. 소형 사이즈는 원단을 붙이지 않고 한 장으로 만든다.

맞닿은 부분을 붙인다
안

2
앞몸판과 뒷몸판을 겉끼리 맞대고 어깨의 가위집을 맞춰 풀로 붙인다.

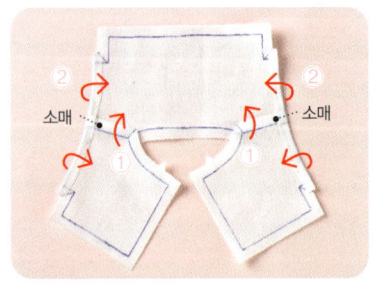

소매 소매

3
① 2를 펼치고 어깨 시접을 뒷몸판 쪽으로 넘긴다.
② 소맷부리 시접을 완성선 안쪽으로 접어 풀로 붙인다.

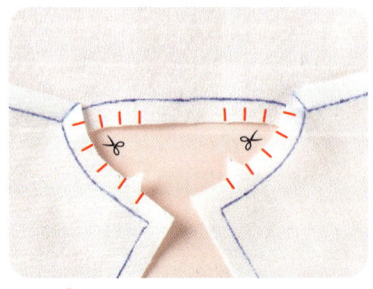

4
목둘레 곡선 부분의 시접에 가위집을 낸다.

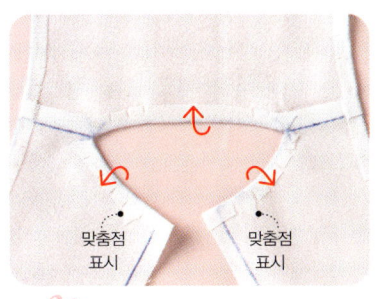

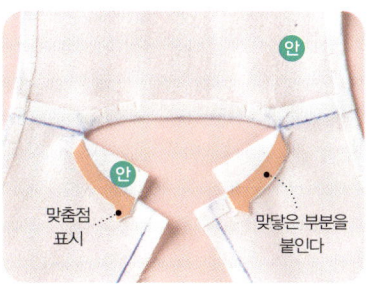

5 목둘레 시접을 완성선 안쪽으로 접어 풀로 붙인다.

6 칼라 시접에 풀을 바른다. 칼라 좌우를 앞몸판의 맞춤점 표시에 맞춰 안쪽에서 붙인다.

7 6을 겉에서 본 모습.

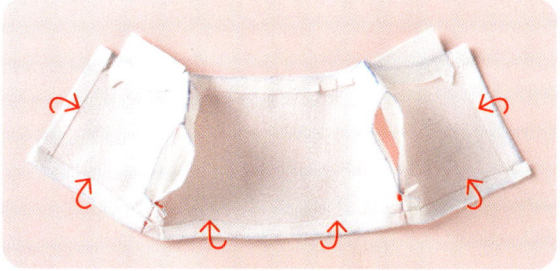

8 앞몸판과 뒷몸판을 겉끼리 맞대고 소매와 몸판 옆선을 바느질한다. 겨드랑이 부분에 가위집을 내고 시접을 가른다.

9 밑단과 앞몸판 양쪽 여밈 부분의 시접을 완성선 안쪽으로 접어 풀로 붙인다.

Point
비즈 말고 다른 단추를 달아도 좋아. 원하는 재료를 사용해 보자!

10 P.31의 14를 참고해 양쪽 여밈 부분에 벨크로와 비즈를 달면 완성!

청소 시간~

PART 2　인형 옷 만들기 · 실전 편

039

대

세일러칼라 셔츠+
플리츠 스커트

귀여움 넘치는 세일러복♡
플리츠 스커트와 한 세트!

준비물

세일러칼라 셔츠 도안 : p.98~99 참고

- 에이티스퀘어 [몸판, 소매, 가슴바대, 스카프 고리] ·········· 20×30cm
- 브로드클로스[칼라, 커프스] ·········· 12×15cm
- 새틴[스카프] ·········· 10×10cm
- 릴리안 실 ·········· 50cm
- 벨크로 ·········· 0.8×2.8cm 2개

플리츠 스커트 도안 : p .100~101 참고

- 브로드클로스 ·········· 15×35cm
- 벨크로 ·········· 0.8×4.3cm 2개

세일러칼라 셔츠

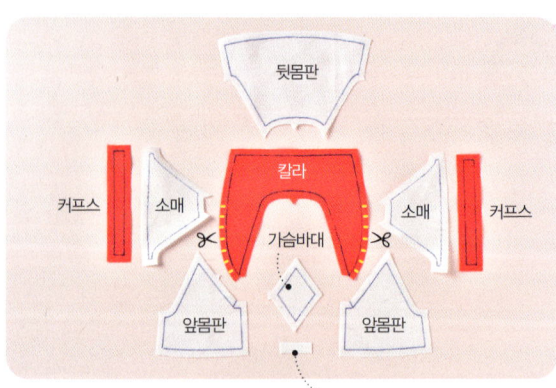

뒷몸판
커프스 · 소매 · 칼라 · 소매 · 커프스
가슴바대
앞몸판 · 앞몸판
스카프 고리
두 장을 붙인 원단

1
1 도안을 원단에 옮겨 그린 뒤 모든 부위의 원단을 자른다. 칼라 바깥쪽 곡선 부분의 시접에 가위집을 낸다.
2 스카프 고리는 미리 원단 두 장을 안끼리 맞대어 붙여 둔다. 붙이는 방법은 p.19를 참고한다.

스카프도!

Point

폴리에스터로 만든 새틴 원단은 올이 풀리기 쉬워. 끝부분을 라이터로 살짝 그을리면 올 풀림을 방지할 수 있어!

릴리안 실은 수예용품점이나 1000원숍에서 구매할 수 있다!

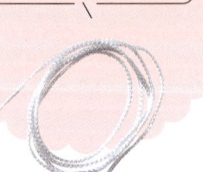

2
1 커프스 한쪽 시접을 완성선 안쪽으로 접어 풀로 붙인다. 반대쪽에 가위집을 낸다.
2 취향에 따라 릴리안 실을 붙여 줄무늬를 만든다.

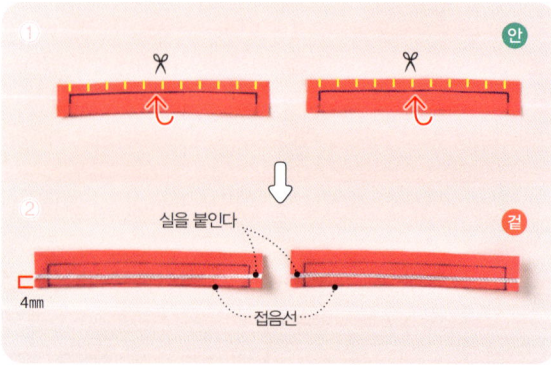

안

겉

실을 붙인다

4mm

접음선

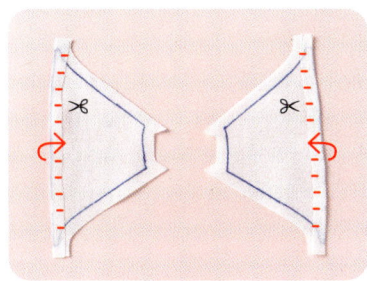

3 소맷부리 시접에 가위집을 내고 완성선 안쪽으로 접어 풀로 붙인다.

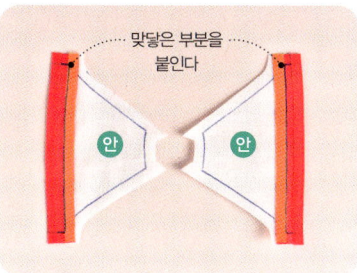

맞닿은 부분을 붙인다

안　　안

4 3의 시접과 가위집 낸 커프스 시접을 붙인다.

겉　　겉

5 4를 겉에서 본 모습.

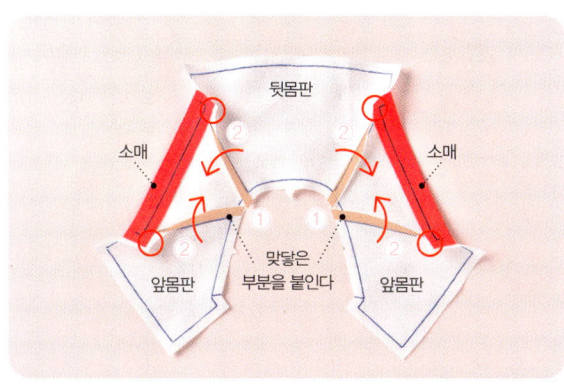

뒷몸판

소매　　소매

맞닿은 부분을 붙인다

앞몸판　　앞몸판

6
① 앞몸판, 소매, 뒷몸판을 풀로 붙인다. 도안대로 겨드랑이의 ○ 부분에는 풀을 바르지 않는다.
② 시접은 모두 소매 쪽으로 넘긴다.

Point
p.22～23의 티셔츠 대를 참고하자!

Point
실을 붙이기 전에 열펜이나 초크펜으로 선을 그려 두면 좋아!

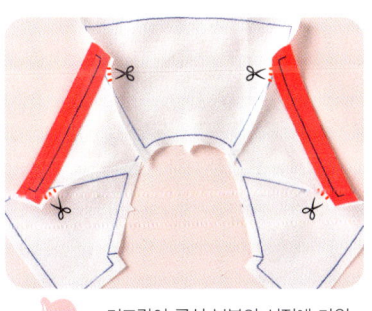

7 겨드랑이 곡선 부분의 시접에 가위집을 낸다.

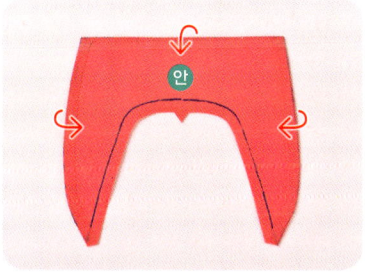

안

8 칼라 바깥쪽 시접을 완성선 안쪽으로 접어 풀로 붙인다.

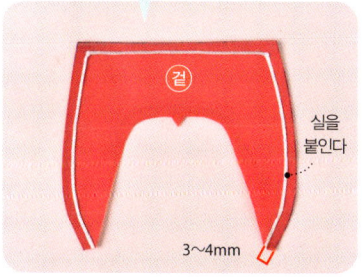

겉

실을 붙인다

3～4mm

9 겉으로 뒤집어 취향에 따라 칼라에 릴리안 실을 붙여 줄무늬를 만든다.

겉

겉

맞춤점 표시

맞닿은 부분을 붙인다

10 7의 목둘레 시접에 풀을 바르고 맞춤점 표시에 맞춰 9를 붙인다.

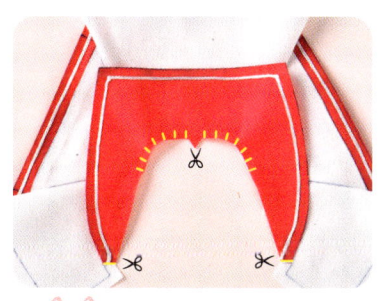

11 목둘레 곡선 부분의 시접, 앞몸판과 칼라의 경계에 가위집을 낸다.

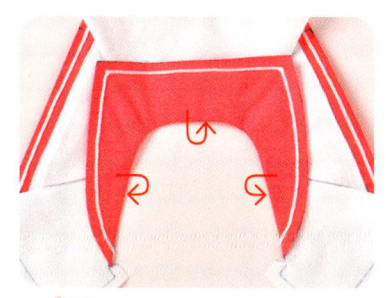

12 칼라 시접을 완성선 안쪽으로 접어 풀로 붙인다.

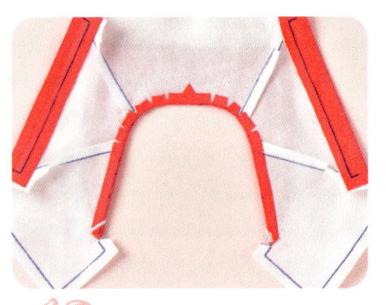

13 12를 안에서 본 모습.

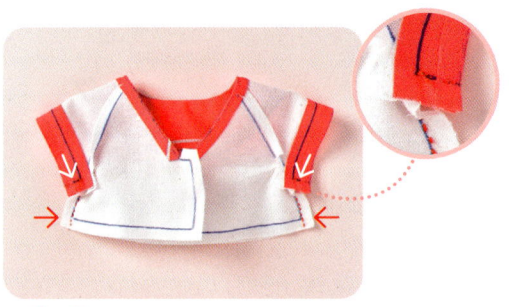

14 앞몸판과 뒷몸판을 겉끼리 맞대고 소매와 몸판 옆선을 각각 바느질한 다. 다리미로 시접을 가른다.

15 밑단과 앞몸판 양쪽 여밈 부분의 시접을 완성선 안쪽으로 접어 풀로 붙인다.

Point

양쪽 여밈은 칼라 경계 부분도 접어야 해!

16 사진과 같이 가슴바대를 안끼리 맞대고 반으로 접어 풀로 붙인다.

맞닿은 부분을 붙인다

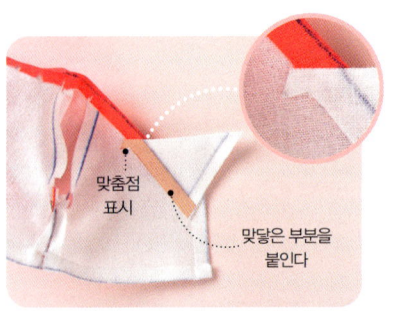

맞춤점 표시

맞닿은 부분을 붙인다

17 16을 왼쪽 앞몸판의 맞춤점 표시에 맞춰 안쪽에서 붙인다.

루프   후크

18 앞몸판의 양쪽 여밈 부분에 벨크로를 단다.

19 스카프 고리를 둥글게 말아 오른쪽 앞몸판에 붙인다.

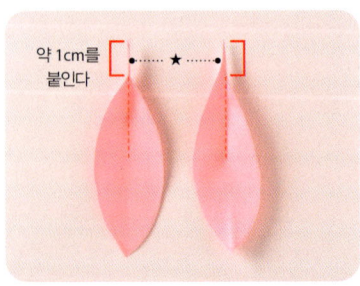

약 1cm를 붙인다

20 스카프의 윗부분을 도안대로 접고 약 1cm 정도를 풀로 붙인다.

★을 붙인다

21 앞몸판의 어깨 끝에 풀을 바르고 스카프를 붙인다.

Point

스카프를 고리에 통과시키기 어렵다면 핀셋을 사용하자.

22 스카프를 고리에 통과시키면 완성!

플리츠 스커트 만드는 방법은 p.45을 참고하자!

세일러칼라 셔츠 + 플리츠 스커트

준비물

세일러칼라 셔츠 도안 : p.101~102 참고

- 에이티스퀘어[몸판, 가슴바대, 스카프 고리]
  - 중 15×18cm   소 10×13cm
- 브로드클로스[칼라, 커프스]
  - 중 10×10cm   소 8×8cm
- 새틴[스카프]
  - 중 8×6cm   소 5×4cm
- 릴리얀 실 .... 중 32cm
- 벨크로   중 0.8×2.2cm 2개
  - 소 0.5×1.4cm 2개

플리츠 스커트 도안 : p.100~103 참고

- 브로드클로스
  - 중 10×18cm   소 8×25cm

세일러칼라 셔츠

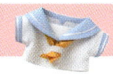

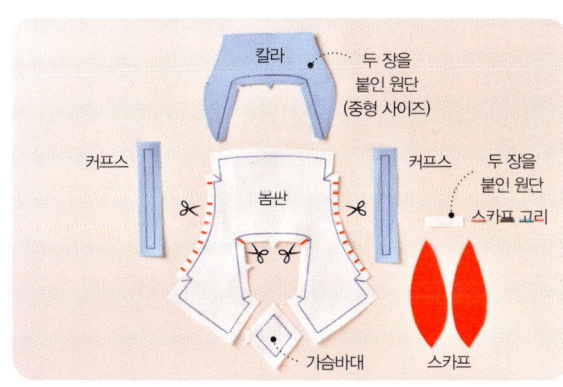

칼라 .... 두 장을 붙인 원단 (중형 사이즈)

커프스

봄판

커프스

스카프 고리 .... 두 장을 붙인 원단

가슴바대

스카프

1
1. 도안을 원단에 옮겨 그린 뒤 모든 부위의 원단을 자른다. 몸판의 소맷부리 시접에 가위집을 낸다. 목 부분에도 도안대로 가위집을 낸다.
2. 중형 사이즈의 칼라와 스카프 고리는 미리 원단 두 장을 안끼리 맞대어 붙여 둔다. 붙이는 방법은 p.19를 참고한다. 소형 사이스는 원난을 붙이지 않고 한 장으로 만든다.

Point

실을 붙이기 전에 열펜이나 초크펜으로 선을 그려 두면 좋아!

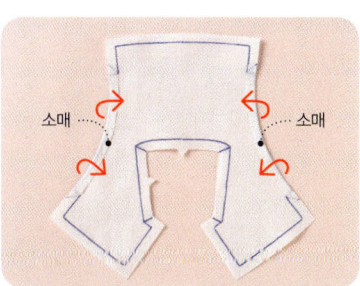

소매   소매

2 소맷부리 시접을 완성선 안쪽으로 접어 풀로 붙인다.

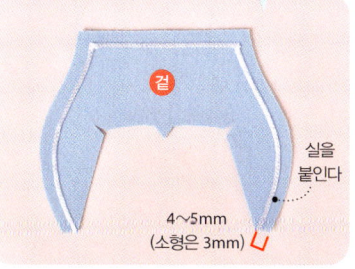

겉

실을 붙인다

4~5mm (소형은 3mm)

3 취향에 따라 칼라에 릴리얀 실을 붙여 줄무늬를 만든다.

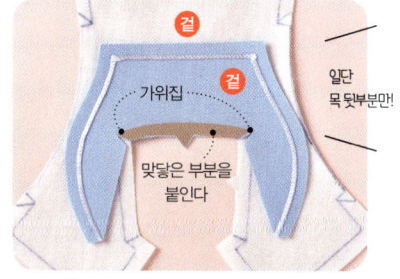

겉

가위집   겉

맞닿은 부분을 붙인다

일단 목 뒷부분만!

4 **2**의 목 뒷부분 시접에 풀을 바른다. 목 부분과 칼라의 가위집을 맞춰 붙인다.

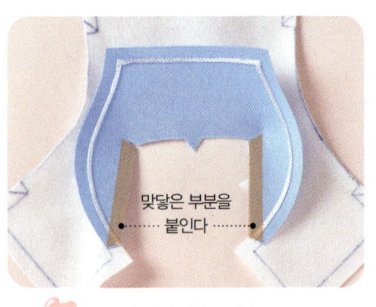

5 칼라의 양옆을 붙인다.

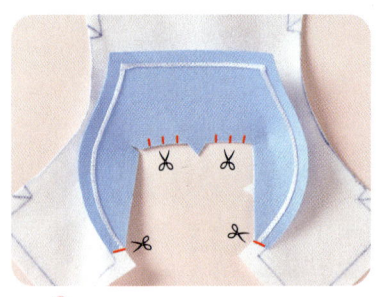

6 목둘레 곡선 부분의 시접, 몸판과 칼라의 경계에 가위집을 낸다.

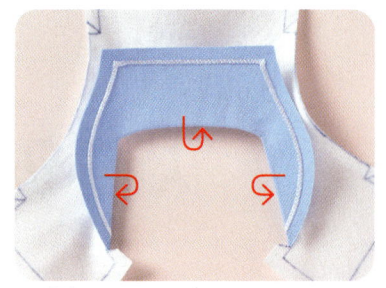

7 칼라 시접을 완성선 안쪽으로 접어 풀로 붙인다.

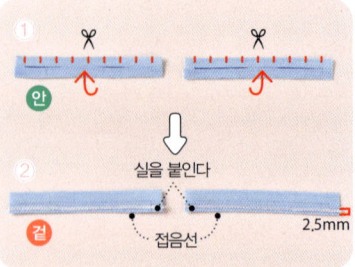

8
① 커프스 한쪽 시접을 완성선 안쪽으로 접어 풀로 붙인다. 반대쪽에는 가위집을 낸다.
② 취향에 따라 릴리안 실을 붙여 줄무늬를 만든다.

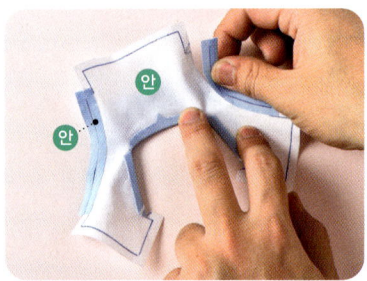

9 8의 가위집을 벌려 몸판 소매의 곡선을 따라간다는 느낌으로 안쪽에서 붙인다.

10 커프스를 양쪽 소매에 붙인 모습.

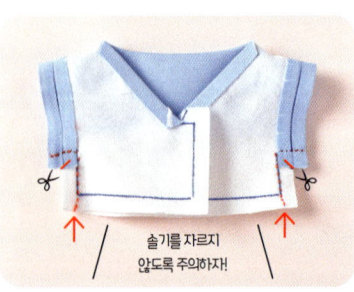

11 몸판을 겉끼리 맞대고 소매와 몸판 옆선을 바느질한다. 겨드랑이 부분에 가위집을 내고 시접을 가른다.

솔기를 자르지 않도록 주의하자!

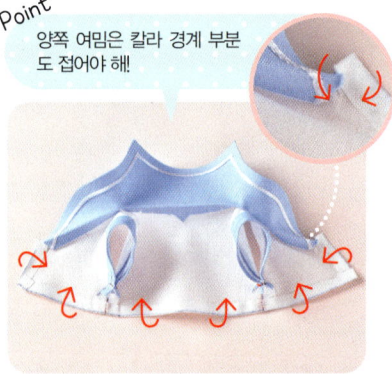

Point
양쪽 여밈은 칼라 경계 부분도 접어야 해!

12 밑단과 양쪽 여밈 부분의 시접을 완성선 안쪽으로 접어 풀로 붙인다.

13 p.42의 16~13와 같은 방법으로 가슴바대를 몸판에 붙인다. 벨크로를 달고 스카프 고리를 붙인다.

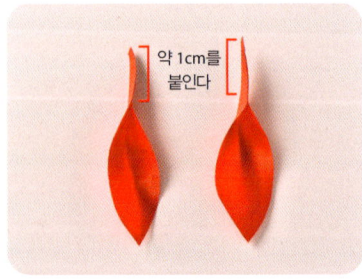

약 1cm를 붙인다

14 스카프의 윗부분을 도안대로 접고 약 1cm 정도를 풀로 붙인다.

풀로 붙인다

15 몸판의 어깨 끝에 풀을 바르고 스카프를 붙인다.

16 스카프를 고리에 통과시키면 완성!

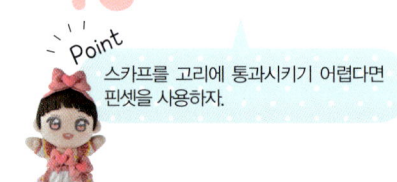

Point
스카프를 고리에 통과시키기 어렵다면 핀셋을 사용하자.

※플리츠 스커트를 만드는 방법은 세 가지 사이즈 모두 거의 같다. 대형 사이즈 만들기 방법의 사진을 실었다.

Point
셀로판 테이프는 다리미 열에 녹을
수 있으니 사용하면 안 돼!

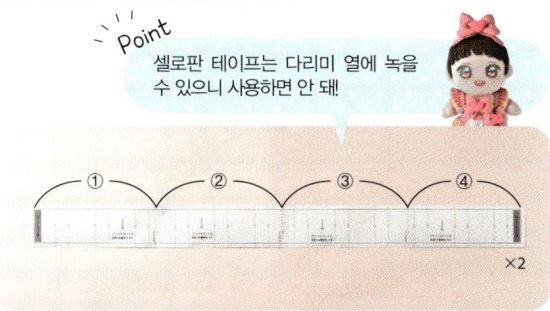

1 스커트의 몸판 도안 ①~④를 마스킹 테이프를 사용해 하나로 연결한다. 이를 두 장 준비한다.

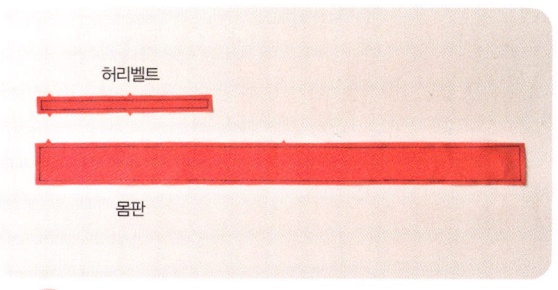

허리벨트

몸판

2 도안을 원단에 옮겨 그린 뒤 모든 부위의 원단을 자른다.

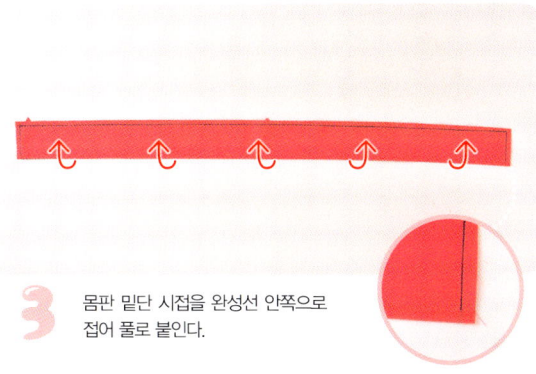

3 몸판 밑단 시접을 완성선 안쪽으로 접어 풀로 붙인다.

Point
두 장의 도안 사이에 원단을 끼우고 주름을 접으면 쉽게 틀어지지 않아!

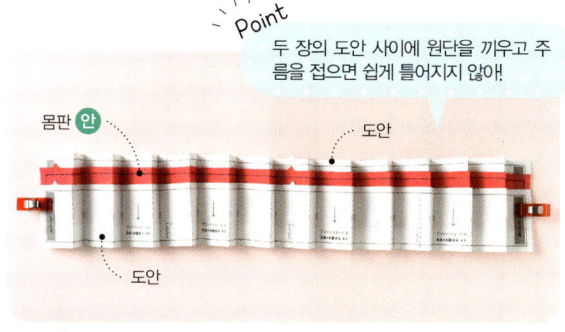

몸판 안

도안

도안

4 도안 두 장을 표시된 접음선을 따라 접는다. 사진과 같이 두 장의 도안 사이에 원단을 끼우고 클립으로 고정한다. 도안에 맞춰 주름을 하나씩 접어 다린다.

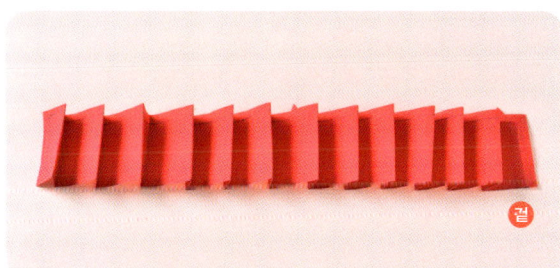

겉

5 몸판의 주름을 접은 모습.

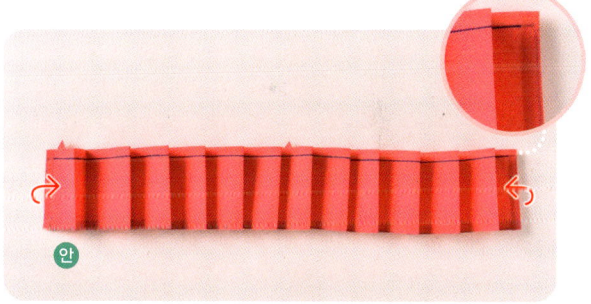

안

6 몸판 양쪽 여밈 부분의 시접을 완성선 안쪽으로 접어 풀로 붙인다.
※중형·소형 사이즈는 6의 과정을 생략한다.

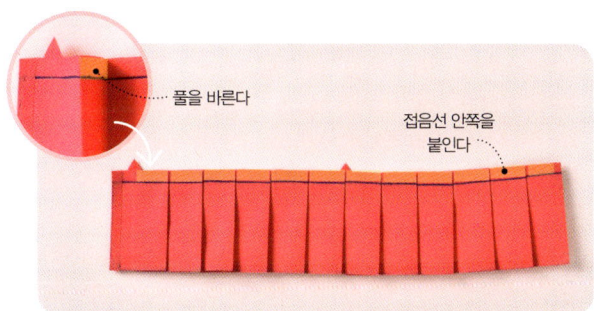

풀을 바른다

접음선 안쪽을
붙인다

7 주름이 겹치는 부분의 시접을 풀로 붙여 고정한다.

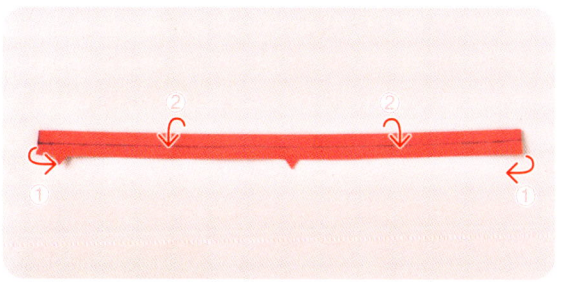

② ②

① ①

8 ① 허리벨트의 양쪽 여밈 부분을 완성선 안쪽으로 접어 풀로 붙인다. ※중형·소형 사이즈는 의 과정을 생략한다.
② 반으로 접고 풀로 붙여 긴 직사각형 모양으로 만든다.

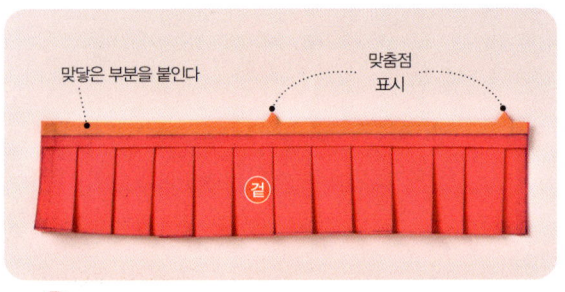

9 **7**과 **8**을 겉끼리 맞대고 맞춤점 표시를 맞춰 풀로 붙인다.

맞닿은 부분을 붙인다

맞춤점 표시

겉

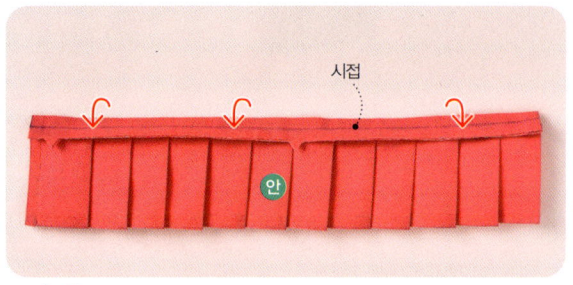

10 **9**에서 붙인 허리벨트 시접을 밑단 쪽으로 넘기고 다리미로 누른다.

시접

안

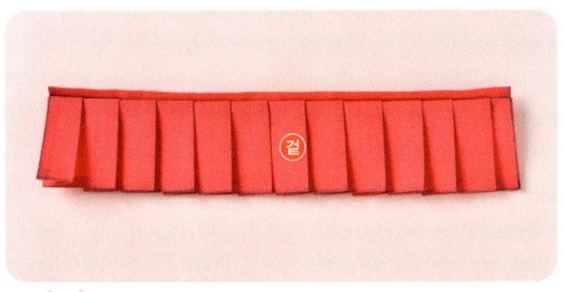

11 **10**을 겉에서 본 모습.

겉

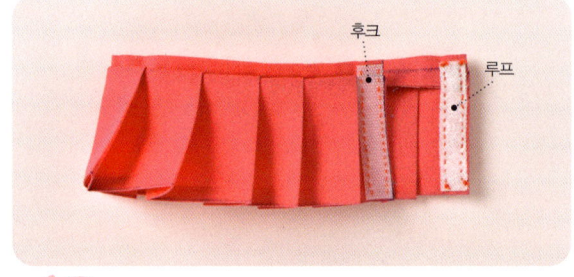

12 양쪽 여밈 부분에 벨크로를 달면 완성!

후크

루프

스티커 사진 찍으러 가자~

중 소 사이즈는 벨크로가 필요 없다. **11** 까지 마친 다음에 여밈 부분을 바느질한 뒤 겉으로 뒤집어 시접을 가르면 완성!

대

중

소

Back

학교 의상

대 중 소

탱크 톱

쉽게 만들 수 있어

초보자에게도 추천☆

이너로 활용하기 좋은 민소매!

대

중

소

도안 : p.104 참고

준비물

싱글 저지 ·············	대 18×22cm	중 8×16cm	소 8×10cm
벨크로 ·············	대 0.8×5.5cm 2기	중 0.8×4.3cm 2개	소 0.5×2.8cm 2개

Point

곡선 부분을 풀로 붙이기 어렵다면 손바느질하자.
실수해도 다시 시도할 수 있어!

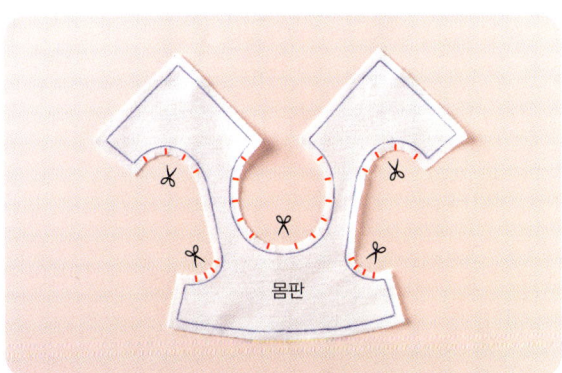

몸판

1 도안을 원단에 옮겨 그린 뒤 원단을 자른다. 진동둘레와 목둘레 곡선 부분의 시접에 가위집을 낸다.

2 진동둘레와 목둘레 시접을 완성선 안쪽으로 접어 풀로 붙인다.

 몸판을 겉끼리 맞대고 옆선을 바느질한다. 다리미로 시접을 가른다.

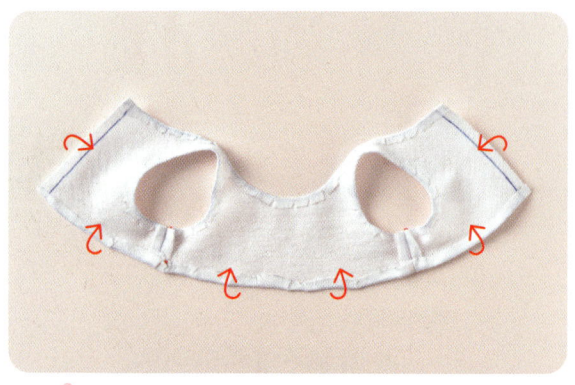

 밑단과 양쪽 여밈 부분의 시접을 완성선 안쪽으로 접어 풀로 붙인다.

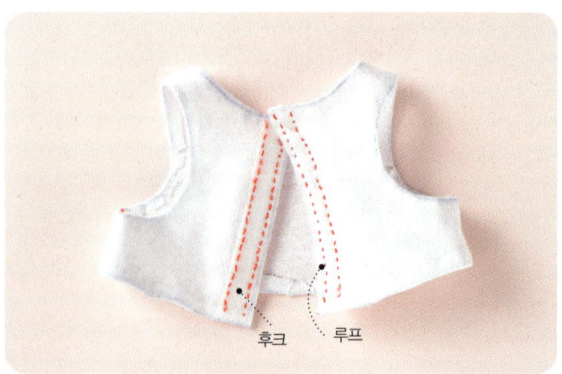

후크   루프

 양쪽 여밈 부분에 벨크로를 달면 완성!

Column

농구 유니폼 만들기

탱크 톱 2까지 마친 다음에 목둘레와 진동둘레에 릴리얀 실(p.40)을 붙이면 농구 유니폼이 된다! 원하는 컬러의 릴리얀 실을 붙여 보자.

팬츠(p.27~30) 참고

Weight ☆ Training

강해지겠에!

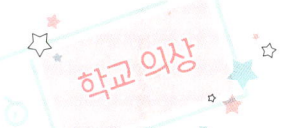
학교 의상

대

와이셔츠

Back

뒷모습까지 귀여운
백턱 와이셔츠☆

준비물

도안 : p.105 참고		
○ 브로드클로스	17×30㎝	
○ 벨크로	0.8×6.8㎝	2개
○ 단추		

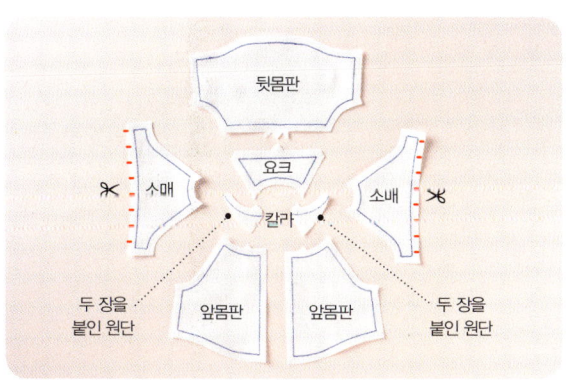

뒷몸판

소매 · 요크 · 소매

칼라

두 장을
붙인 원단

앞몸판 · 앞몸판

두 장을
붙인 원단

1 도안을 원단에 옮겨 그린 뒤 모든 부위의 원단을 자른다. 소맷부리 시접에 가위집을 낸다.
칼라는 미리 원단 두 장을 안끼리 맞대어 붙여 둔다. 붙이는 방법은 p.19를 참고한다.

턱 접는 방법

① 도안대로 턱을 접고 다리미로 1cm 정도의 주름을 만든다.
② 턱의 주름을 펼쳐서 시접에 풀을 바른다.
③ 다시 턱을 접어 풀로 붙인다.

안에서 본 모습

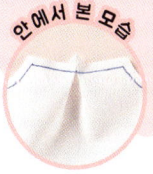

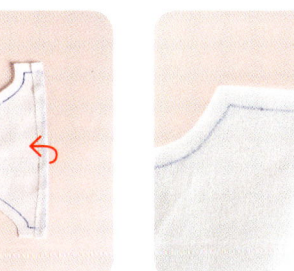

2 소맷부리 시접을 완성선 안쪽으로 접어 풀로 붙인다.

겉

3 p.27의 2~4를 참고해 도안대로 뒷몸판의 턱을 접어 풀로 붙인다.

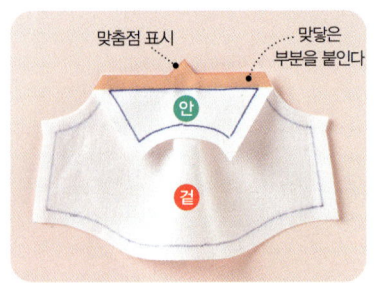

 뒷몸판과 요크를 겉끼리 맞대고 맞춤점 표시에 맞춰 풀로 붙인다.

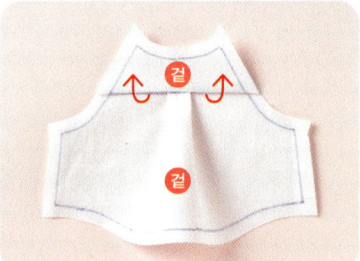

5 사진과 같이 요크를 위쪽으로 넘기고 다리미로 다린다. 이때 시접은 위로 넘긴다.

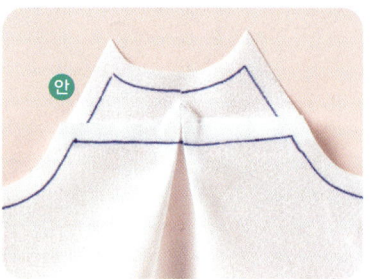

6 5를 안에서 본 모습.

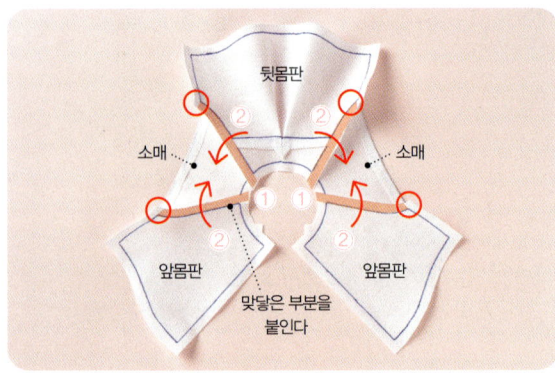

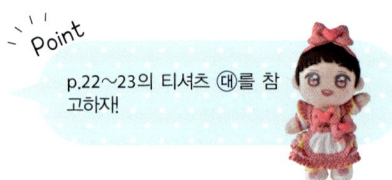

1) 앞몸판, 소매, 뒷몸판을 풀로 붙인다. 도안대로 겨드랑이의 ○ 부분에는 풀을 바르지 않는다.
2) 시접은 모두 소매 쪽으로 넘긴다.

Point

p.22~23의 티셔츠 대를 참고하자!

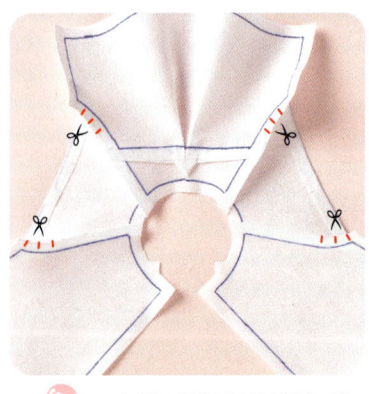

8 겨드랑이 곡선 부분의 시접에 가위집을 낸다.

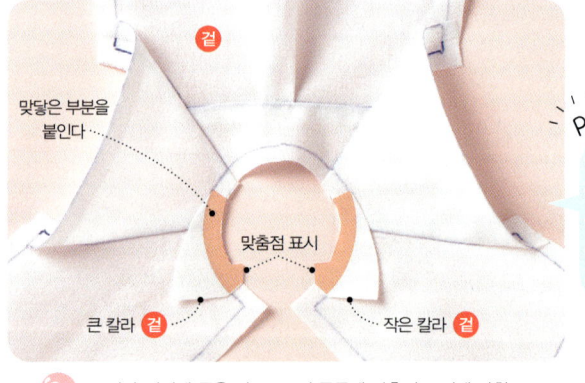

9 칼라 시접에 풀을 바르고 8의 목둘레 맞춤점 표시에 맞춰 붙인다.

Point

칼라는 좌우 크기가 조금 다르니 주의하자. 앞몸판의 여밈 부분에서 후크를 다는 쪽에 큰 칼라를 붙여야 해!

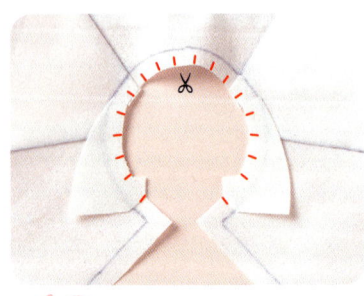

10 목둘레 시접에 가위집을 낸다.

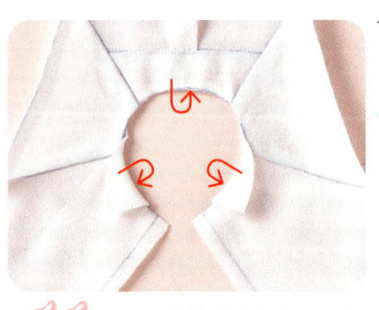

11 목둘레 시접을 완성선 안쪽으로 접어 풀로 붙인다.

Point

큰 칼라는 몸판의 목둘레와 칼라 사이에 틈을 약간 두고 접어야 해. 이렇게 하면 단추를 잠갔을 때 칼라가 위로 뜨지 않아 깔끔해 보여!

틈을 약간 두고 접는다

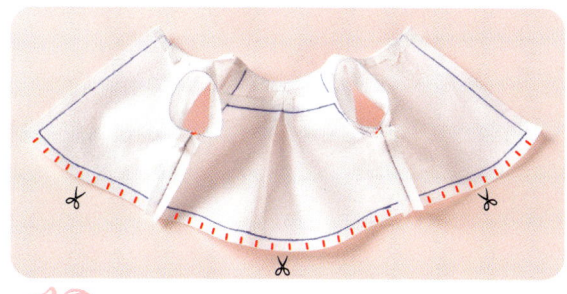

12 앞몸판과 뒷몸판을 겉끼리 맞대고 소매와 몸판 옆선을 각 각 바느질한다. 다리미로 시접을 가른다.

13 밑단 시접에 가위집을 낸다.

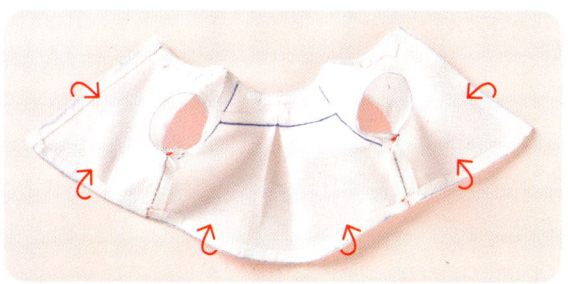

14 밑단과 앞몸판 양쪽 여밈 부분의 시접을 완성선 안쪽으로 접어 풀로 붙인다.

15 p.34의 14를 참고해 양쪽 여밈 부 분에 벨크로와 단추를 달면 완성!

> **Point**
> 몸판의 여밈 방향 을 바꾸고 싶을 때 는 벨크로를 반대 로 달재!

Column

교복 리본 만들기

목에 예쁜 리본을 묶어 줘!

준비물

도안 : p.122~123 참고

◯ 원단
　ᄃᆘ 5×6cm
　중 4×5cm
　소 3×4cm

◯ 끈

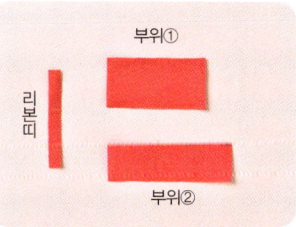

부위①
리본띠
부위②

1 도안을 원단에 옮겨 그린 뒤 모 든 부위의 원단을 자른다.

겉
부위①
접음선 안쪽을 붙인다
부위②

2 부위①, ②의 가운데를 도안대로 접고 접음선 안쪽을 풀로 붙인다.

겉
부위①
가운데를 붙인다
부위②

3 부위①, ②를 사진과 같이 맞춰 가운데를 풀로 붙인다.

안

4 3이 중심에 끈을 통과시키면서 리본띠를 감아 안쪽에서 풀로 붙 인다. 나머지는 잘라낸다.

> **Point**
> 소는 끈이 필요 없어. 옷에 리 본을 직접 달면 되거든!

중 소

와이셔츠

중

소

Back
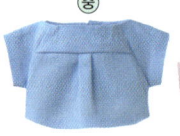
중

소

준비물

도안 : p.106 참고

- 브로드클로스
  - 중 25×25cm
  - 소 10×15cm
- 벨크로
  - 중 0.8×5.3cm 2개
  - 소 0.5×3.4cm 2개
- 단추

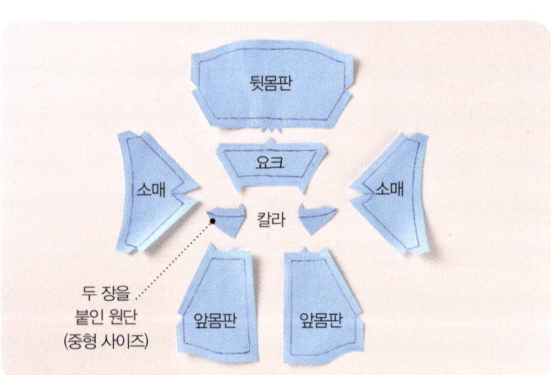

뒷몸판

요크

소매   소매

칼라

두 장을
붙인 원단
(중형 사이즈)

앞몸판   앞몸판

1
1 도안을 원단에 옮겨 그린 뒤 모든 부위의 원단을 자른다.
2 중형 사이즈의 칼라는 미리 원단 두 장을 안끼리 맞대어 붙여 둔다. 붙이는 방법은 p.19를 참고한다. 소형 사이즈는 원단을 붙이지 않고, 한 장으로 만든다.

턱을 접는다

겉

2
p.49의 3과 같은 방법으로 뒷몸판의 턱을 접어 풀로 붙인다.

안에서 본 모습

겉

겉

3
p.50의 4~5와 같은 방법으로 뒷몸판과 요크를 맞춤점 표시에 맞춰 붙인다. 요크는 위쪽으로 넘기고 다리미로 다린다.

안에서 본 모습
맞춤점 표시

Point

p.24의 티셔츠 중을 참고하자!

Point

칼라는 좌우 크기가 조금 다르니 주의하자. 앞몸판의 여밈 부분에서 후크를 다는 쪽에 큰 칼라를 붙여야 해!

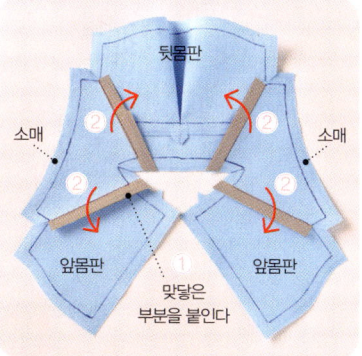

4 ① 앞몸판, 소매, 뒷몸판을 풀로 붙인다.
② 시접은 모두 몸판 쪽으로 넘긴다.

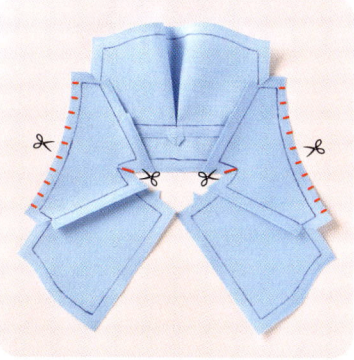

5 사진과 같이 소맷부리 시접과 목 부분에 가위집을 낸다.

6 칼라 시접에 풀을 바르고 **s**의 목둘레 맞춤점 표시에 맞춰 붙인다.

7 목둘레 시접에 가위집을 낸다.

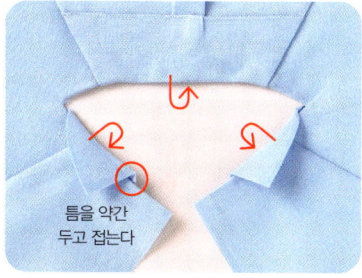

8 목둘레 시접을 완성선 안쪽으로 접어 풀로 붙인다.

9 소맷부리 시접을 완성선 안쪽으로 접어 풀로 붙인다.

10 앞몸판과 뒷몸판을 겉끼리 맞대고 소매와 몸판 옆선을 바느질한다. 다리미로 시접을 가른다.

Point

큰 칼라는 몸판의 목둘레와 칼라 사이에 틈을 약간 두고 접어야 해. 이렇게 하면 단추를 잠갔을 때 칼라가 위로 뜨지 않아 깔끔해 보여!

Point

몸판의 여밈 방향을 바꾸고 싶을 때는 벨크로를 반대로 달자!

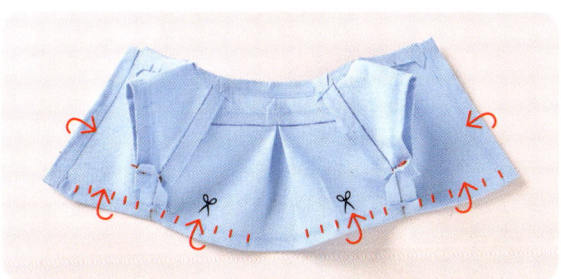

11 밑단 시접에 가위집을 낸다. 밑단과 앞몸판 양쪽 여밈 부분의 시접을 완성선 안쪽으로 접어 풀로 붙인다.

12 p.34의 **14**를 참고해 양쪽 여밈 부분에 벨크로와 단추를 달면 완성!

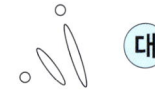 대 중 소

베스트

다양한 옷과 매치할 수 있는
고급스러운 조끼♪

 중

 대

 소

준비물

도안 : p.107 참고

	대	중	소
에이티스퀘어(앞몸판)	10×15cm	7×10cm	5×7cm
새틴(뒷몸판)	8×15cm	6×8cm	4×6cm
벨크로	0.8×1.9cm 2개	0.8×0.6cm 2개	0.5×0.4cm 2개
단추			

1 도안을 원단에 옮겨 그린 뒤 모든 부위의 원단을 자른다. 진동둘레와 뒷몸판의 목둘레 시접에 가위집을 낸다.

맞닿은 부분을
붙인다

2 앞몸판과 뒷몸판을 겉끼리 맞대고 어깨 시접을 풀로 붙인다.

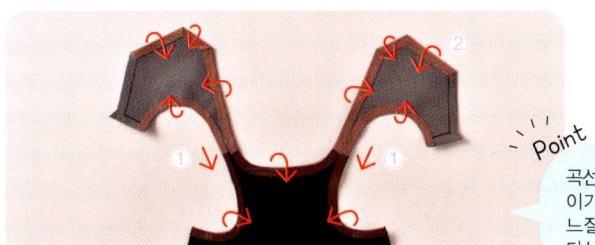

Point

곡선 부분을 풀로 붙이기 어렵다면 손바느질하자. 실수해도 다시 시도할 수 있어!

3 ① **2**를 펼치고 어깨 시접을 뒷몸판 쪽으로 넘긴다.
② 사진과 같이 진동둘레와 목둘레 등의 시접을 완성선 안쪽으로 접어 풀로 붙인다.

4 앞몸판과 뒷몸판을 겉끼리 맞대고 옆선을 바느질한다. 다리미로 시접을 가른다.

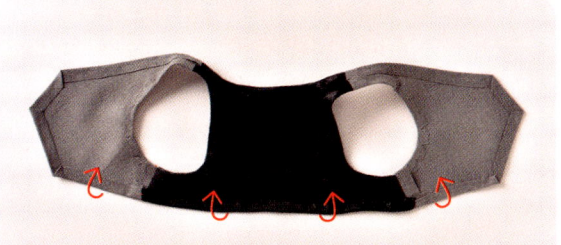

5 밑단 시접을 완성선 안쪽으로 접어 풀로 붙인다.

6 p.34의 **14**를 참고해 벨크로와 단추를 달면 완성!

취향에 따라 등에 벨트를 붙여 보자.

Back ⑪ ⑫ ⑬

가늘게 자른 합성피혁에 인형용 버클을 단다

펠트

도안 : p.122~123 참고

Column

넥타이 만들기

준비물

○ 원단
ⓓ 6.5×2㎝
ⓙ 5.5×1.5㎝
ⓢ 3.5×1㎝

○ 끈

목에 멋진 넥타이를 묶어줘!

고무줄 또는 스냅 단추를 달아도 좋아!

몸판

1 도안을 원단에 옮겨 그린 뒤 원단을 자른다.

겉

2 사진과 같이 몸판 위에 끈을 놓는다.

3 끈을 끼운 상태에서 도안대로 윗부분을 접고 풀로 붙이면 완성!

오픈칼라 셔츠

무지부터 알로하 무늬까지
어떤 스타일도 매력 만점☆

준비물

도안 : p.108 참고

🔍 브로드클로스 ······················ 16×30cm
🔍 벨크로 ······················· 0.8×4.6cm 2개

🔍 단추

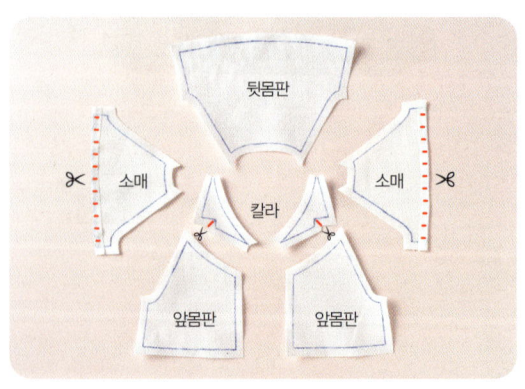

1 도안을 원단에 옮겨 그린 뒤 모든 부위의 원단을 자른다. 소맷부리 시접에 가위집을 낸다. 칼라에도 도안대로 가위집을 낸다.

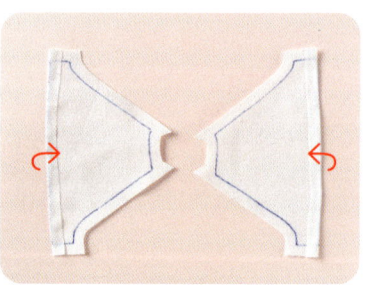

2 소맷부리 시접을 완성선 안쪽으로 접어 풀로 붙인다.

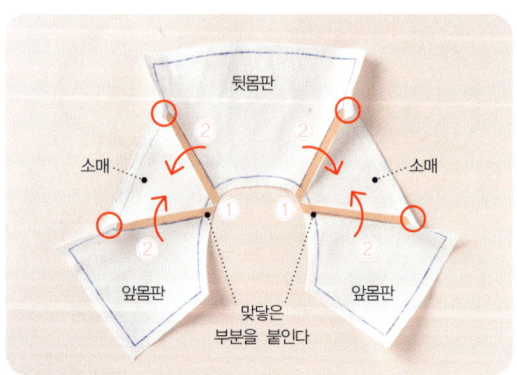

3 ① 앞몸판, 소매, 뒷몸판을 풀로 붙인다. 도안대로 겨드랑이 의 ○ 부분에는 풀을 바르지 않는다.
② 시접은 모두 소매 쪽으로 넘 긴다.

Point

p.22~23의 티셔츠 대를 참고하자!

056

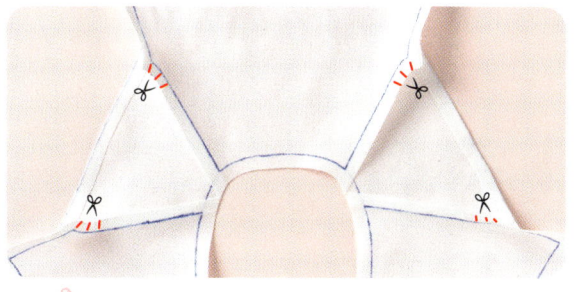

4 겨드랑이 곡선 부분의 시접에 가위집을 낸다.

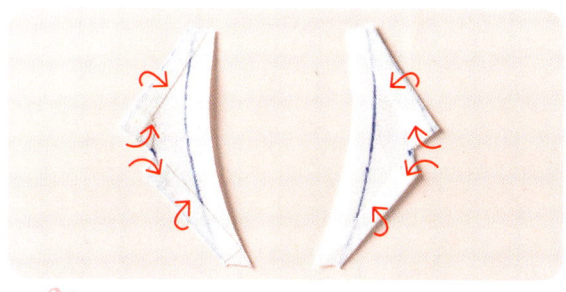

5 사진과 같이 칼라 바깥쪽 시접을 완성선 안쪽으로 접어 풀로 붙인다.

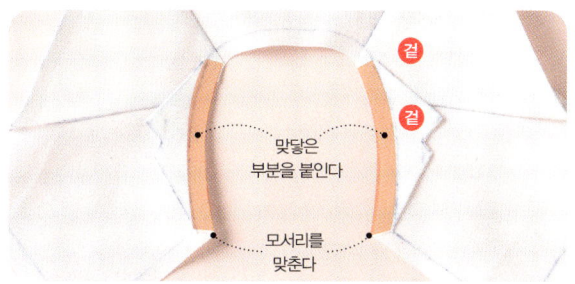

걸
걸

맞닿은
부분을 붙인다

모서리를
맞춘다

6 칼라 시접에 풀을 바르고 3의 목둘레에 모서리를 맞춰 붙인다.

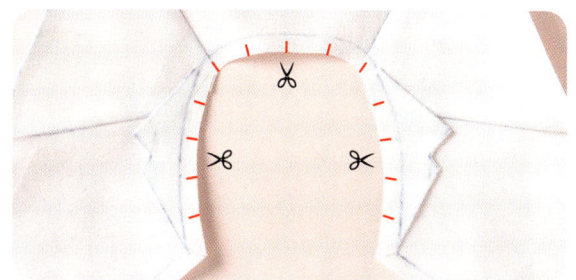

7 목둘레 시접에 가위집을 낸다.

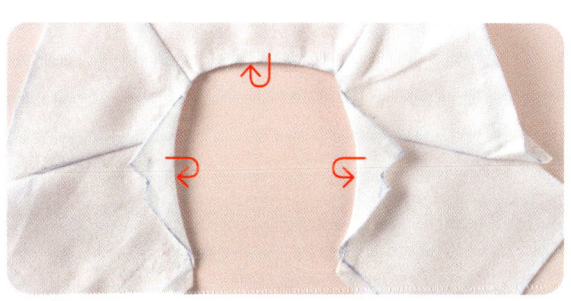

8 목둘레 시접을 안성선 안쪽으로 접이 풀로 붙인다.

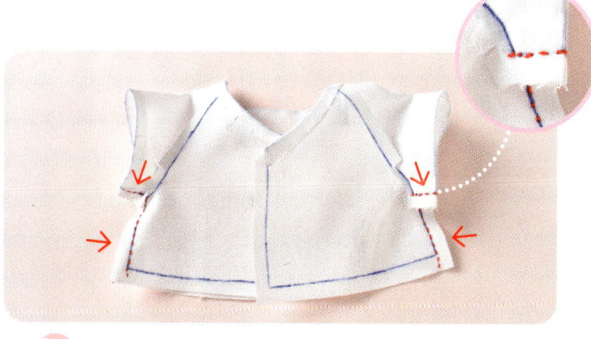

9 앞몸판과 뒷몸판을 겉끼리 맞대고 소매와 몸판 옆선을 각각 바느질한다. 다리미로 시접을 가른다.

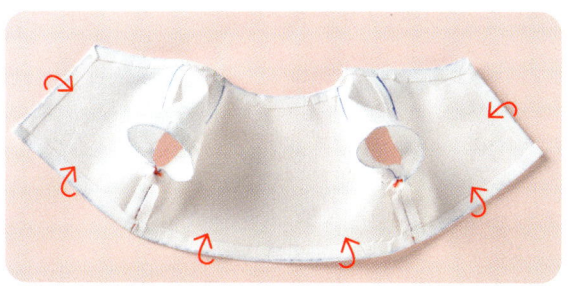

10 밑단과 앞몸판 양쪽 여밈 부분의 시접을 완성선 안쪽으로 접어 풀로 붙인다.

11 p.34의 14를 참고해 양쪽 여밈 부분에 벨크로와 단추를 달면 완성!

중 소

오픈칼라 셔츠

중

소

준비물

도안 : p.109 참고

- 브로드클로스
  ·············· 중 14×17㎝
  소 10×12㎝

- 벨크로
  ·············· 중 0.8×2.8㎝ 2개
  소 0.5×1.8㎝ 2개

- 단추

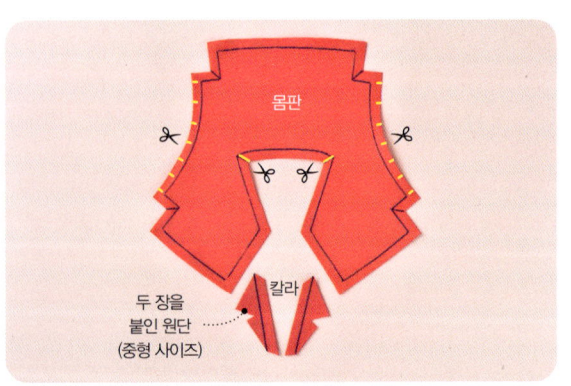

몸판

두 장을
붙인 원단
(중형 사이즈)

칼라

1 ① 도안을 원단에 옮겨 그린 뒤 모든
부위의 원단을 자른다. 몸판의 소
맷부리 시접에 가위집을 낸다. 어
깨에도 도안대로 가위집을 낸다.
② 중형 사이즈의 칼라는 미리 원단
두 장을 안끼리 맞대어 붙여 둔
다. 붙이는 방법은 p.19를 참고한
다. 소형 사이즈는 원단을 붙이지
않고 한 장으로 만든다.

2 소맷부리 시접을 완
성선 안쪽으로 접어
풀로 붙인다.

3 칼라 시접에 풀을 바르고 어깨와 칼라의 가위집을 맞춰 붙인다.

4 목둘레 곡선 부분의 시접에 가위집을 낸다.

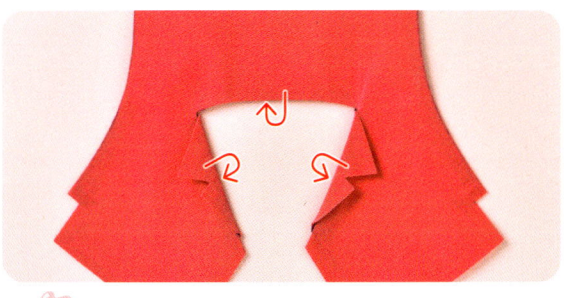

5 목둘레 시접을 완성선 안쪽으로 접어 풀로 붙인다.

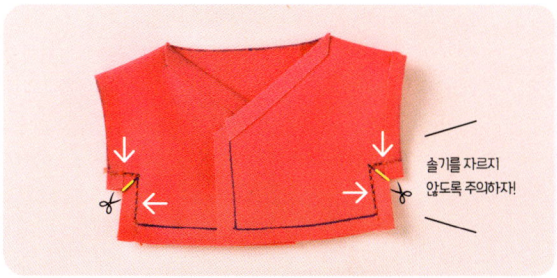

6 몸판을 겉끼리 맞대고 소매와 몸판 옆선을 바느질한다. 겨드랑이 부분에 가위집을 내고 시접을 가른다.

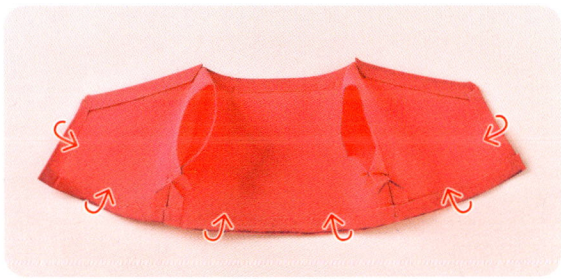

7 밑단과 양쪽 여밈 부분의 시접을 완성선 안쪽으로 접어 풀로 붙인다.

8 p.34의 14를 참고해 양쪽 여밈 부분에 벨크로와 단추를 달면 완성!

다양한 무늬의
셔츠를 만들어 보자!

무지 셔츠는 단정하고
알로하 셔츠는
약간 불량스러운 느낌을 준다.
원단 무늬에 따라
분위기가 달라진다.

특공복+본탄

천상천하 유아독존
최애에 살고 최애에 죽는다!

준비물

| 특공복 도안 : p.110 참고 |
| 브로드클로스 ································· 18×25㎝ |

| 본탄 도안 : p.111 참고 |
| 브로드클로스 ································· 13×40㎝ |
| 벨크로 ······························· 0.8×2.8㎝ 2개 |

Q 단추

※본탄은 1980년대 일본에서 유행했던 품이 크고 밑단이
좁은 변형 교복 바지를 뜻한다.

 특공복

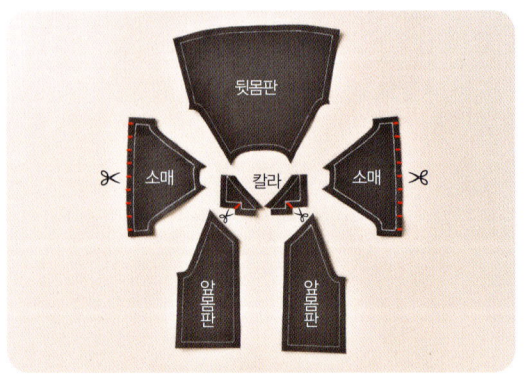

1 도안을 원단에 옮겨
그린 뒤 모든 부위
의 원단을 자른다.
소맷부리 시접에 가
위집을 낸다. 칼라에
도 도안대로 가위집
을 낸다.

2 소맷부리 시접을 완성선 안쪽으로
접어 풀로 붙인다.

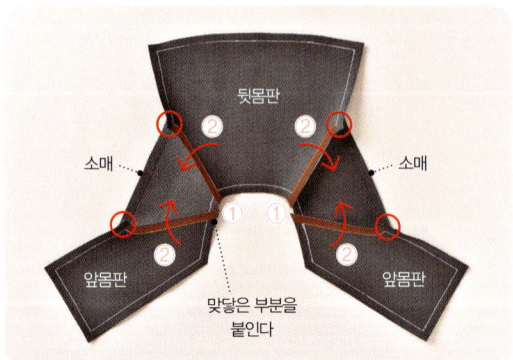

3 ① 앞몸판, 소매, 뒷몸판을 풀로
붙인다. 도안대로 겨드랑이
의 ◯부분에는 풀을 바르지
않는다.
② 시접은 모두 소매 쪽으로 넘
긴다.

Point

p.22~23의 티셔츠
를 참고하자!

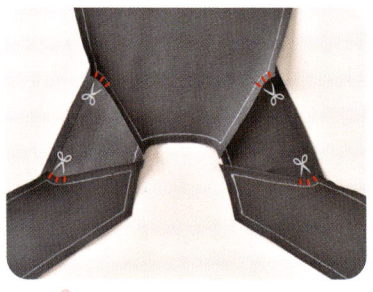

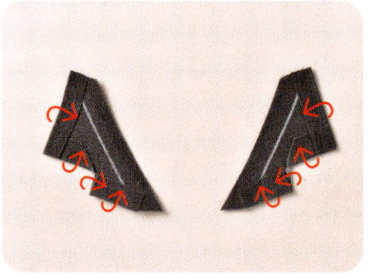

4 겨드랑이 곡선 부분의 시접에 가위 집을 낸다.

5 사진과 같이 칼라 바깥쪽 시접을 완성선 안쪽으로 접어 풀로 붙인다.

6 칼라 시접에 풀을 바르고 ⑥의 목둘 레에 모서리를 맞춰 붙인다.

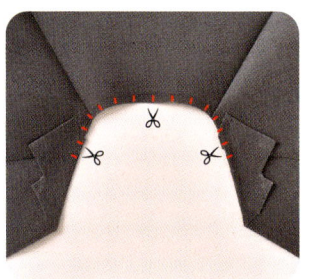

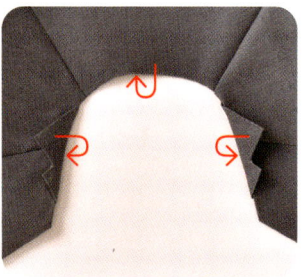

7 목둘레 곡선 부분의 시접에 가위집을 낸다.

8 목둘레 시접을 완성선 안쪽으로 접어 풀로 붙인다.

9 앞몸판과 뒷몸판을 겉끼리 맞대고 소매와 몸판 옆선 을 각각 바느질한다. 다리미로 시접을 가른다.

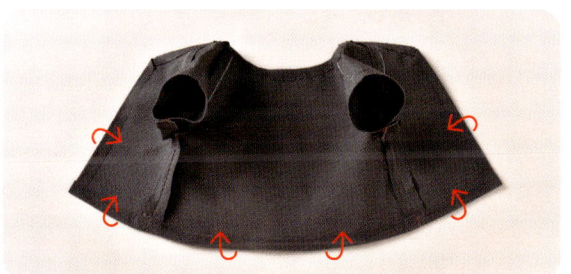

10 밑단가 앞몸판 양쪽 여밈 부분의 시접을 완성선 안쪽으로 접어 풀로 붙인다.

11 앙쪽 여밈 부분에 단추를 달면 완성!

본단

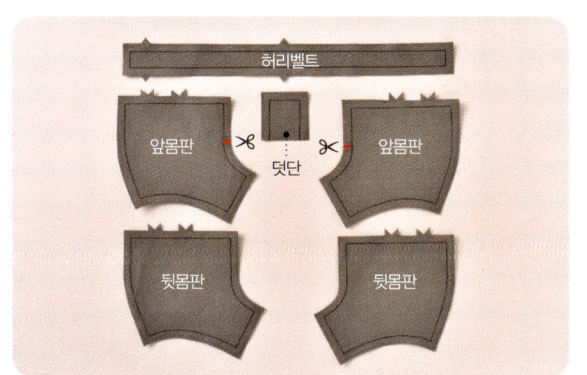

허리벨트

앞몸판 / 덧단 / 앞몸판

뒷몸판 / 뒷몸판

원하는 글자를 자수 느낌으로 그려 넣자.

Back

유성 볼펜을 사용했어!

1 노안늘 뵌단에 옮겨 그린 뒤 모든 부 위의 원단을 자른다. 몸판 앞 중심의 시접에 도안대로 가위집을 낸다.

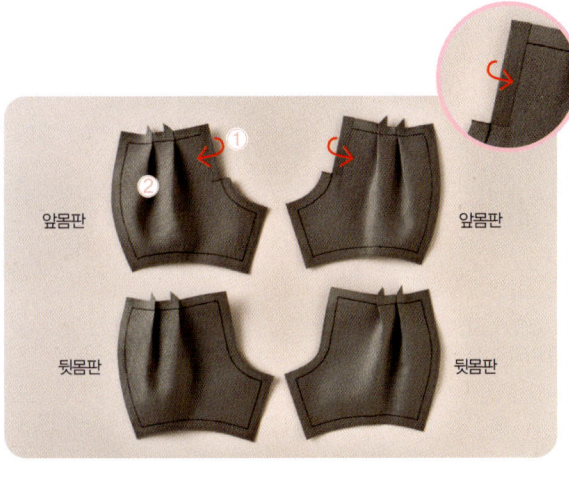

앞몸판

앞몸판

뒷몸판

뒷몸판

2

1. **1**의 가위집 윗부분을 완성선 안쪽으로 접어 풀로 붙인다.
2. p.27의 **2~↴**를 참고해 도안대로 몸판 네 장의 턱을 각각 접어 풀로 붙인다.

턱 접는 방법

① 도안대로 턱을 접고 다리미로 1cm 정도의 주름을 만든다.
② 턱의 주름을 펼쳐서 시접에 풀을 바른다.
③ 다시 턱을 접어 풀로 붙인다.

겉에서 본 모습

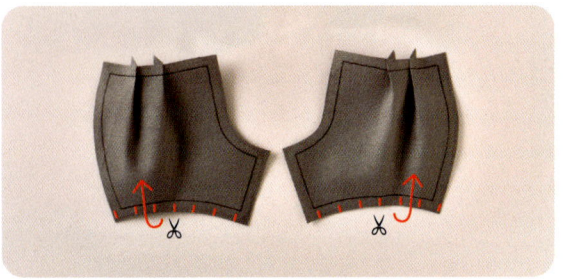

3 몸판 네 장의 밑단 시접에 가위집을 내고 완성선 안쪽으로 접어 풀로 붙인다.

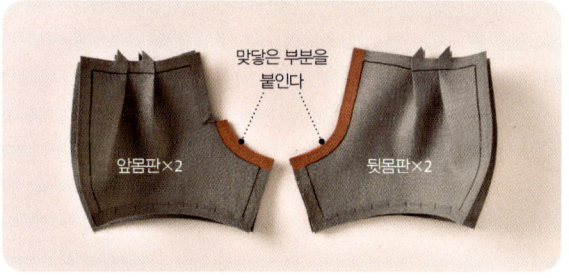

맞닿은 부분을 붙인다

앞몸판×2

뒷몸판×2

4 앞몸판과 뒷몸판을 각각 겉끼리 맞대고 사진과 같이 밑위를 풀로 붙인다.

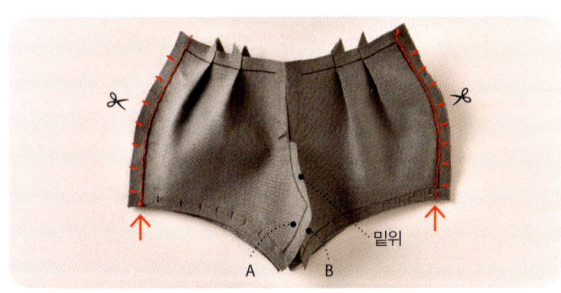

A   B

밑위

5 **4**를 펼쳐서 앞몸판과 뒷몸판을 겉끼리 맞대고 옆선을 바느질한다. 옆선 시접에 가위집을 내고 다리미로 시접을 가른다.

Point

바느질로 연결하는 방법은 p.28의 **10**을 참고하자!

A   B

6 **5**의 A · B 밑아래 시접이 직선이 되도록 옆으로 펼치고 앞뒤 밑아래를 바느질한다.

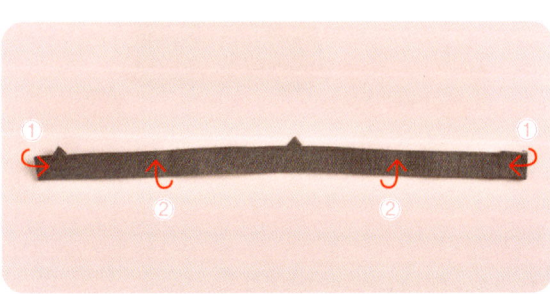

7
1. 허리벨트의 양쪽 여밈 부분을 완성선 안쪽으로 접어 풀로 붙인다.
2. 반으로 접고 풀로 붙여 긴 직사각형 모양으로 만든다.

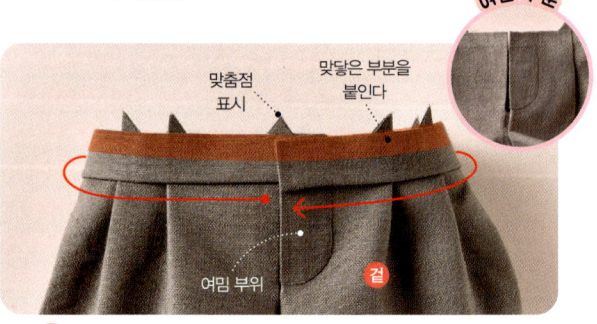

여밈 부분

맞춤점 표시

맞닿은 부분을 붙인다

여밈 부위

겉

8 **6**을 겉으로 뒤집어 취향에 따라 여밈 부위를 앞 중심에 붙인다. 몸판과 허리벨트를 겉끼리 맞대고 허리벨트의 맞춤점 표시를 각각 몸판의 뒤 중심과 앞 중심에 맞춘다. 몸판 허리에 빙 둘러 붙인다.

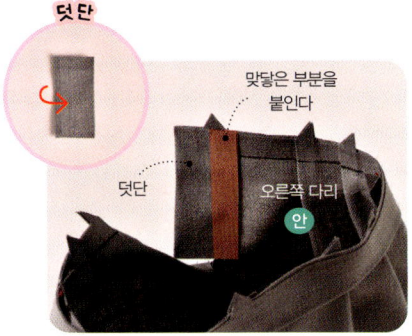

9 덧단을 안끼리 맞대고 반으로 접어 풀로 붙인 뒤, 오른쪽 다리의 앞 중심에 붙인다.

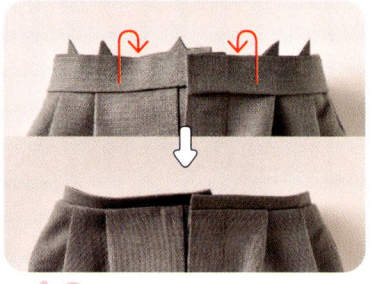

10 8에서 붙인 허리벨트 시접을 밑단 쪽으로 넘기고 다리미로 누른다.

11 p.29의 19와 마찬가지로 덧단과 왼쪽 다리 안쪽에 벨크로를 달고 취향에 따라 주머니를 붙이면 완성!

중 소 특공복+본탄

준비물

특공복 도안 : p.112 참고

🔍 브로드클로스
·········· 중 15×10cm
        소 10×6cm

본탄 도안 : p.112 참고

🔍 브로드클로스
·········· 중 7×12cm
        소 5×8cm

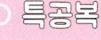 **특공복**

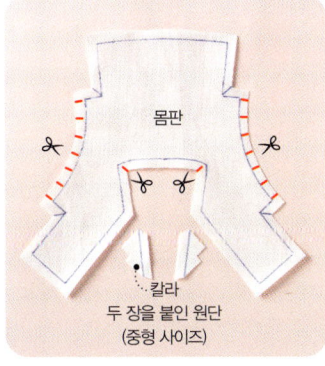

몸판

칼라
두 장을 붙인 원단
(중형 사이즈)

1
① 도안을 원단에 옮겨 그린 뒤 모든 부위의 원단을 자른다. 몸판의 소맷부리 시접에 가위집을 낸다. 어깨에도 도안대로 가위집을 낸다.
② 중형 사이즈의 칼라는 미리 원단 두 징을 안끼리 낮대어 붙여 눈다. 붙이는 방법은 p.19를 참고한다. 소형 사이즈는 원단을 붙이지 않고 한 장으로 만든다.

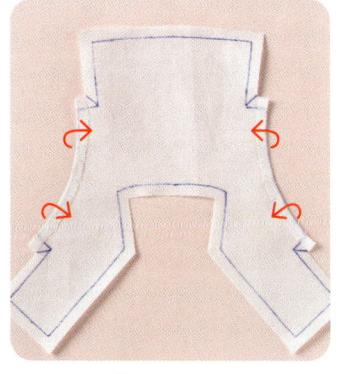

2
소맷부리 시접을 완성선 안쪽으로 접어 풀로 붙인다.

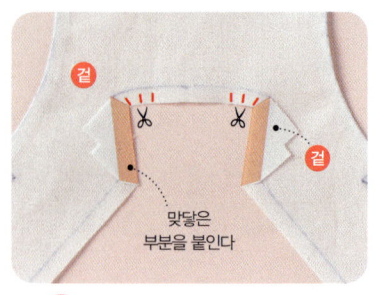

3 칼라 시접에 풀을 바르고 몸판 목둘레에 붙인다. 목둘레 곡선 부분의 시접에 가위집을 낸다.

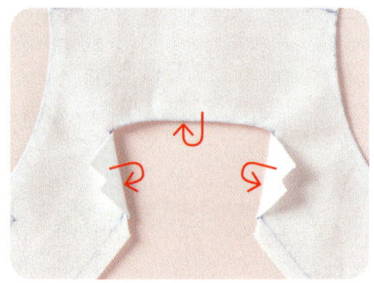

4 목둘레 시접을 완성선 안쪽으로 접어 풀로 붙인다.

솔기를 자르지 않도록 주의하자!

5 몸판을 겉끼리 맞대고 소매와 몸판 옆선을 바느질한다. 겨드랑이 부분에 가위집을 내고 시접을 가른다.

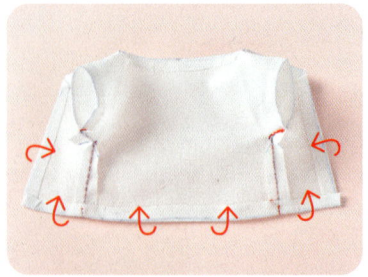

6 밑단과 양쪽 여밈 부분의 시접을 완성선 안쪽으로 접어 풀로 붙인다.

7 양쪽 여밈 부분에 단추를 달면 완성!

화이트 원단으로 만들면 의사 가운!

  **본단**

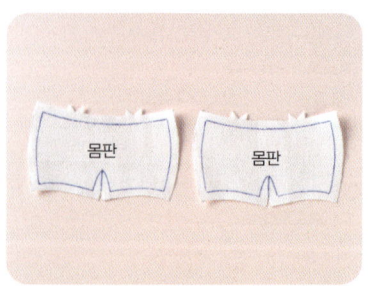

1 도안을 원단에 옮겨 그린 뒤 모든 부위의 원단을 자른다.

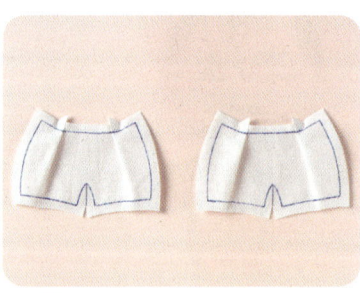

2 p.27의 2~4를 참고해 도안대로 턱을 접어 풀로 붙인다.

3 2를 겉에서 본 모습.

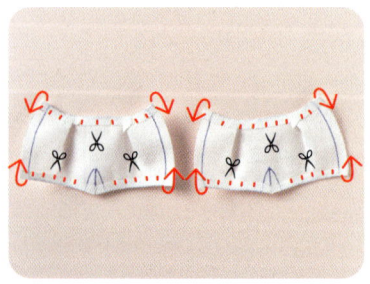

4 허리와 밑단 시접에 가위집을 내고 완성선 안쪽으로 접어 풀로 붙인다.

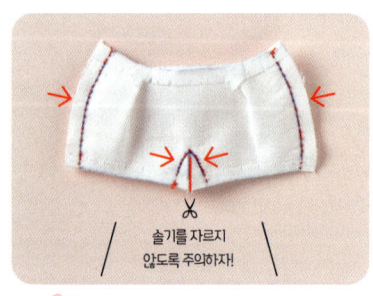

솔기를 자르지 않도록 주의하자!

5 몸판 두 장을 겉끼리 맞대고 옆선과 밑아래를 바느질한다. 밑아래 시접에 가위집을 낸다.

6 겉으로 뒤집어 취향에 따라 여밈 부위와 주머니를 붙이면 완성!

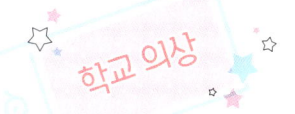

학교 의상

대

체육복

열혈 캐릭터도 느긋한 캐릭터도
누구나 어울리는 편안한 옷!

준비물

도안 : p.113 참고

○ 싱글 저지 ·····················20×30cm
○ 리본끈(새틴 또는 그로그랭 등)
·······················8cm
※좌우 줄무늬가 하나일 때
○ 벨크로 ·····················0.8×4.8cm 2개

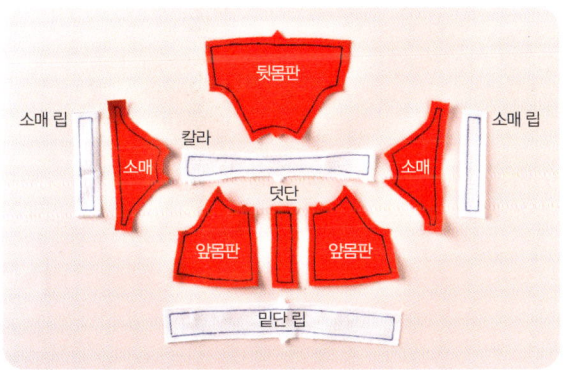

소매 립 ＿＿＿ 뒷몸판 ＿＿＿ 소매 립
소매 칼라 소매
덧단
앞몸판 앞몸판
밑단 립

1 도안을 원단에 옮겨
그린 뒤 모든 부위
의 원단을 자른다.

Point

원하는 만큼 리본끈을 붙여서
줄무늬를 만들자!

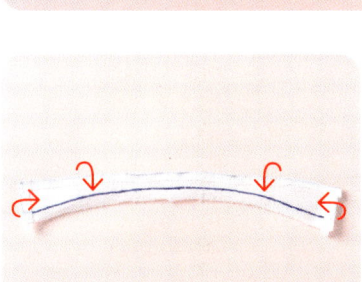

2 사진과 같이 칼라 바깥쪽 시접을 완
성선 안쪽으로 접어 풀로 붙인다.

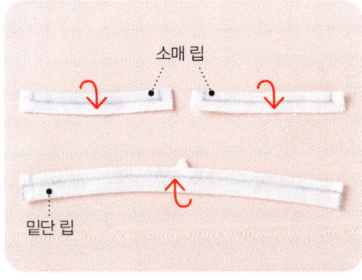

소매 립

밑단 립

3 소매 립과 밑단 립을 안끼리 맞대고
반으로 접어 풀로 붙인다.

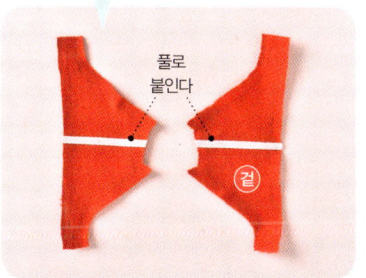

풀로
붙인다

겉

4 취향에 따라 소매 가운데에 리본끈
을 붙인다.

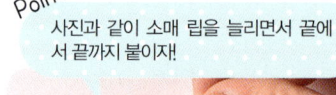

Point
사진과 같이 소매 립을 늘리면서 끝에서 끝까지 붙이쟤!

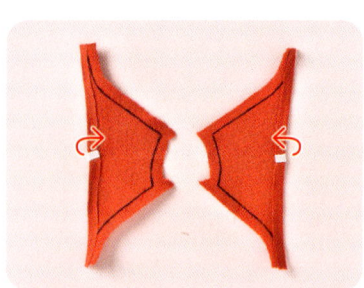

5 소맷부리 시접을 완성선 안쪽으로 접어 풀로 붙인다.

안

소매 립 접음선

6 5에서 붙인 소매 시접에 풀을 바르고 소매 립을 붙인다.

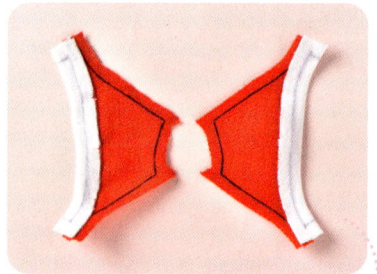

7 소매에 소매 립을 붙인 모습.

겉에서 본 모습

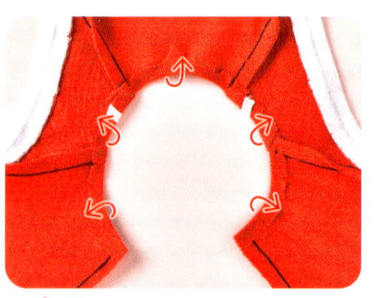

맞닿은 부분을 붙인다

8
① 앞몸판, 소매, 뒷몸판을 풀로 붙인다. 도안대로 겨드랑이의 ○ 부분에는 풀을 바르지 않는다.
② 시접은 모두 소매 쪽으로 넘긴다.

Point
p.22~23의 티셔츠 대를 참고하쟤!

9 목둘레와 겨드랑이 곡선 부분의 시접에 가위집을 낸다.

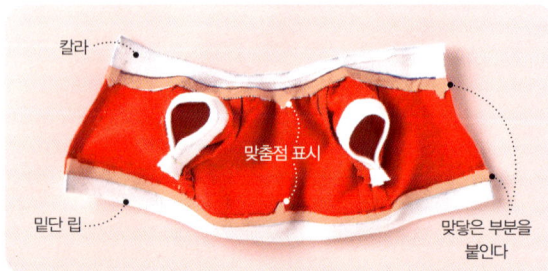

10 목둘레 시접을 완성선 안쪽으로 접어 풀로 붙인다.

11 앞몸판과 뒷몸판을 겉끼리 맞대고 소매와 몸판 옆선을 각각 바느질한다. 다리미로 시접을 가른다.

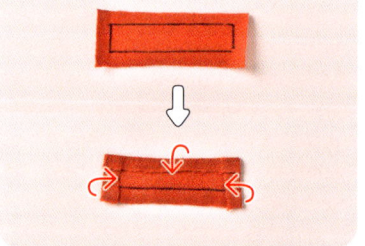

12 밑단과 앞몸판 양쪽 여밈 부분의 시접을 완성선 안쪽으로 접어 풀로 붙인다.

칼라

맞춤점 표시

밑단 립

맞닿은 부분을 붙인다

13 칼라와 밑단 립을 몸판의 맞춤점 표시에 맞춰 풀로 붙인다. 밑단 립은 6을 참고해 늘리면서 붙인다.

벨크로를 달지 않으면 이대로 완성!

14 취향에 따라 벨크로를 달기 위해 덧단을 사진과 같이 완성선 안쪽으로 접어 풀로 붙인다.

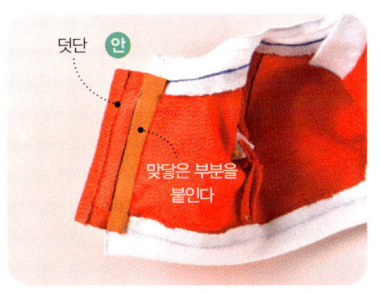

덧단 안

맞닿은 부분을
붙인다

15 14를 오른쪽 앞몸판의 가장자리에
풀로 붙인다.

16 덧단을 붙인 모습.

후크   루프

17 덧단과 왼쪽 앞몸판에 벨크로를 달
면 완성!

중소

체육복

준비물

도안 : p.114 참고

⚬ 싱글 저지
        중 15×25cm
        소 15×15cm
⚬ 리본끈(새틴 또는 그로그램 등)
        중 5cm
        소 3.5cm
※좌우 줄무늬가 하나일 때

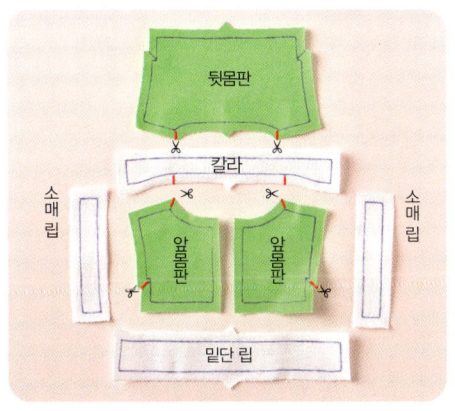

뒷몸판

칼라

소매립   소매립

앞몸판   앞몸판

밑단 립

1 도안을 원단에 옮겨
그린 뒤 모든 부위의
원단을 자른다. 몸판
의 목둘레, 칼라에
도안대로 가위집을
낸다. 겨드랑이 부분
에도 가위집을 낸다.

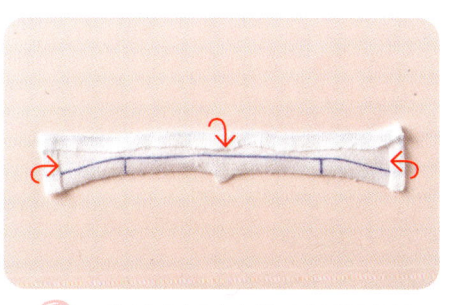

2 사진과 같이 칼라 바깥쪽 시접을 완성선 안쪽
으로 접어 풀로 붙인다.

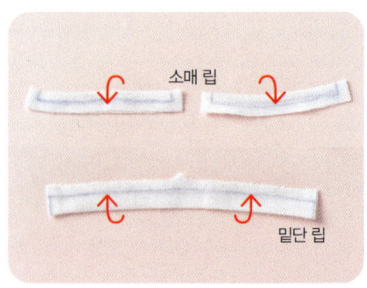

 소매 립과 밑단 립을 안끼리 맞대고 반으로 접어 풀로 붙인다.

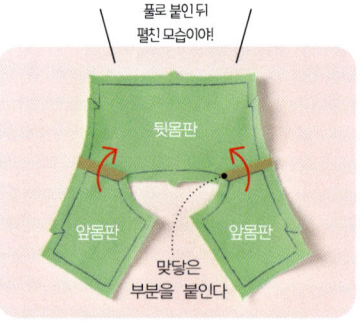 앞몸판과 뒷몸판을 겉끼리 맞대고 어깨 시접을 풀로 붙인다. 시접은 뒷몸판 쪽으로 넘긴다.

 겉으로 뒤집어 취향에 따라 어깨에 리본끈을 붙인다.

 목둘레와 소맷부리 시접을 완성선 안쪽으로 접어 풀로 붙인다.

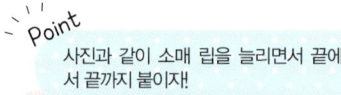 사진과 같이 소매 립을 늘리면서 끝에서 끝까지 붙이자!

 6에서 붙인 소매 시접에 풀을 바르고 소매 립을 붙인다.

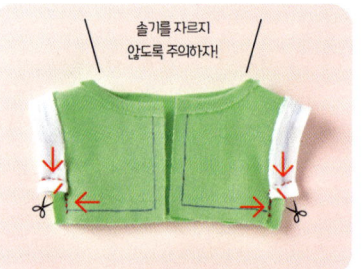 앞몸판과 뒷몸판을 겉끼리 맞대고 소매와 몸판 옆선을 바느질한다. 겨드랑이 부분에 가위집을 내고 시접을 가른다.

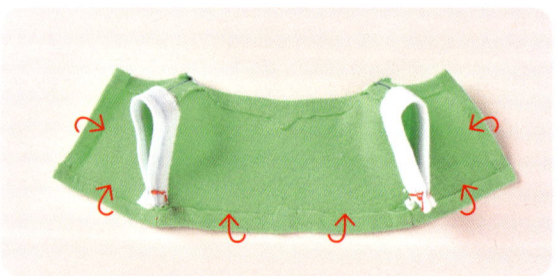 밑단과 앞몸판 양쪽 여밈 부분의 시접을 완성선 안쪽으로 접어 풀로 붙인다.

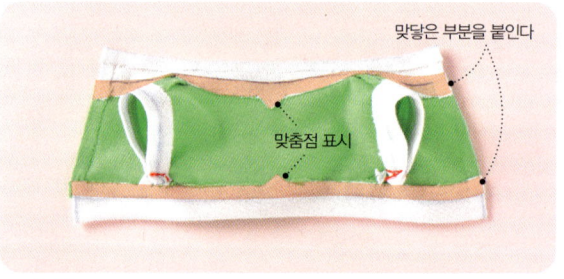 칼라와 밑단 립을 몸판의 맞춤점 표시에 맞춰 풀로 붙인다.

 소매를 겉으로 빼내면 완성!

 벨크로를 달고 싶다면 p.66의 16~17을 참고하자!

 〈체육복 팬츠 만들기〉 팬츠(p.27~30)의 옆선에 리본끈을 붙이기만 하면 된다.

일본
전통 의상

 대 중 소

기모노

대

중

소

시대극에서 주로 볼 수 있는
일본의 전통 의상!

준비물

도안 : p.115~116 참고

	대	중	소
○ 브로드클로스	25×30cm	15×25cm	10×18cm
○ 리본끈(오비)	1.5×20cm	1.2×13.5cm	0.8×9cm
○ 벨크로	1.3×3cm	1×3cm	0.7×3cm

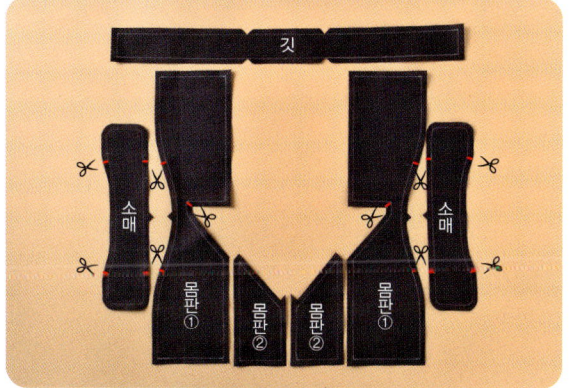

1 도안을 원단에 옮겨 그린 뒤 모든 부위의 원단을 자른다.
몸판과 소매에 도안대로 가위집을 낸다.

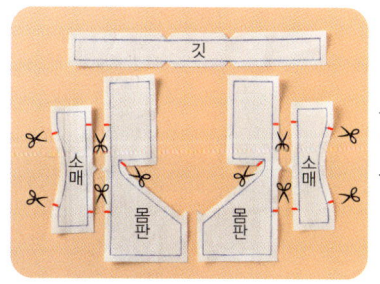

중 소 의 도안대로
재단한 모습이야!

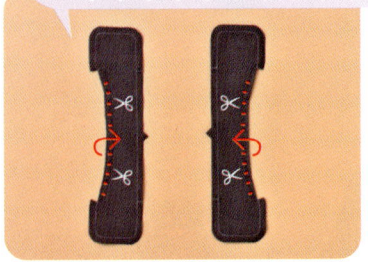

Point
곡선 부분을 풀로 붙이기 어렵다면 손바느질하자.
실수해도 다시 시도할 수 있어!

※중형·소형 사이즈는 **3~4**의 과정을 생략한다.

2 소매 곡선 부분의 시접에 가위집을
내고 완성선 안쪽으로 접어 풀로 붙
인다.

3 몸판①과 몸판②를 각각 겉끼리 맞
대고 풀로 붙인다.

4 **3**을 펼쳐서 다리미로 다린다. 이때
시접은 몸판② 쪽으로 넘긴다.

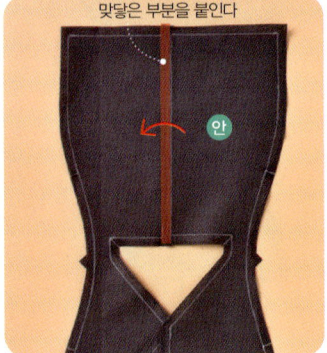

5 **4**를 겉끼리 맞대고
등의 뒤 중심 시접을
풀로 붙인다. 시접은
한쪽으로 넘긴다.

풀로 붙인 뒤
펼친 모습이야!

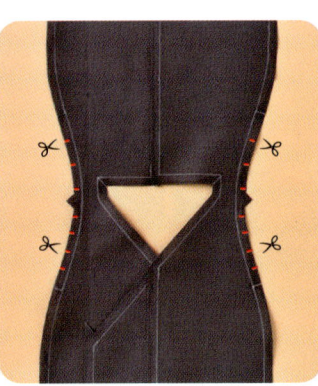

6 몸판 곡선 부분의 시
접에 가위집을 낸다.

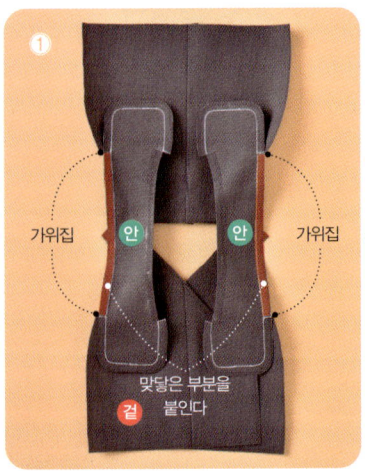

7 ① **2**와 **6**을 겉끼리 맞대고 맞춤점
표시를 맞춘다. 몸판과 소매의
가위집끼리 맞춰 풀로 붙인다.
② 시접을 소매 쪽으로 넘기고 목둘
레 곡선 부분의 시접에 가위집을
낸다.

Point
소매와 몸판을 붙일 때는 소매
시접에 풀을 바르고 몸판을 맞
춘다는 느낌으로 끝에서부터 붙
이면 쉬워!

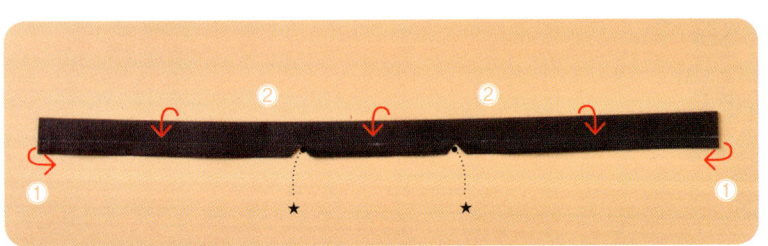

8 ① 깃의 양쪽 끝을 완성선 안쪽으로
접어 풀로 붙인다.
② 반으로 접고 풀로 붙여 긴 직사
각형 모양으로 만든다.

9 1에서 낸 어깨의 가위집에 8의 맞춤점 표시(★)를 맞춰 깃을 목둘레에 풀로 붙인다.

10 여밈 부분의 시접을 완성선 안쪽으로 접어 풀로 붙인다.

11 나머지 깃도 몸판에 풀로 붙인다.

12 9, 11에서 붙인 깃 시접을 몸판 쪽으로 넘기고 다리미로 정돈한다.

13 깃 시접을 넘긴 모습.

14 몸판을 겉끼리 맞대고 소매와 몸판 옆선을 각각 바느질한다. 다리미로 옆선 시접을 가른다.

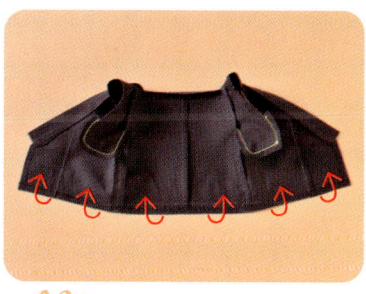

15 밑단 시접을 완성선 안쪽으로 접어 풀로 붙인다.

Point
소매 모서리는 송곳 등을 사용해 빼내면 깔끔해 보여!

소매를 빼낸다

16 소매를 겉으로 빼내고 다리미로 정돈하면 완성!

오비는 리본끈으로 만들자!
양쪽 끝에 벨크로를 단다.
루프 쪽 길이를 조금 더 길게 하면
허리에 둘렀을 때 길이 조절이 쉽다.

루프

후크

부우우웅~!

일본
전통 의상

대 중 소

하오리

기모노 위에 화려하게 걸쳐 입는
일본의 전통 겉옷!

중

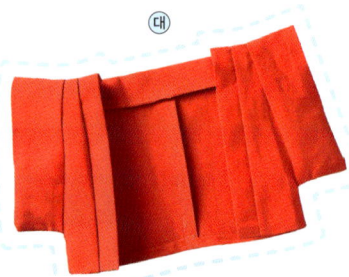
대

소

도안 : p.117~118 참고

준비물

🔍 브로드클로스 ·················· 대 20×25cm 중 13×20cm 소 9×14cm

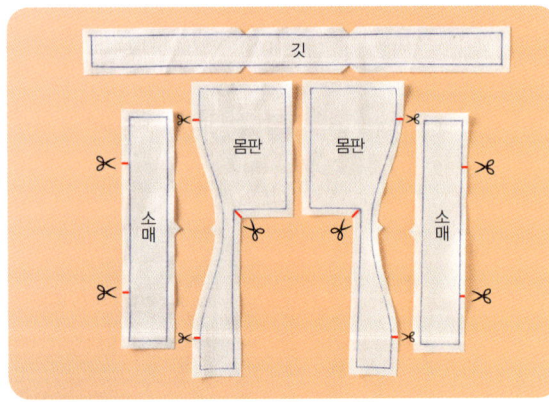

깃

소매 몸판 몸판 소매

1 도안을 원단에 옮겨 그린 뒤 모든 부위의 원단을 자른다.
몸판과 소매에 도안대로 가위집을 낸다.
※중형·소형 사이즈는 소매가 필요 없다.

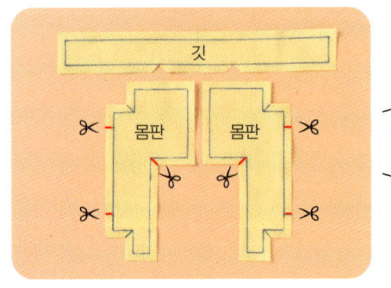

깃

몸판 몸판

중 소 의 도안대로
재단한 모습이야!

072

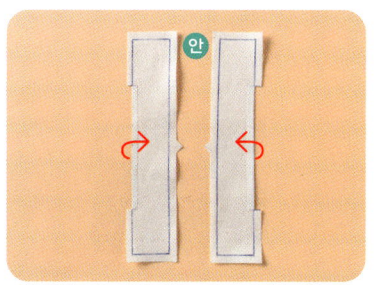

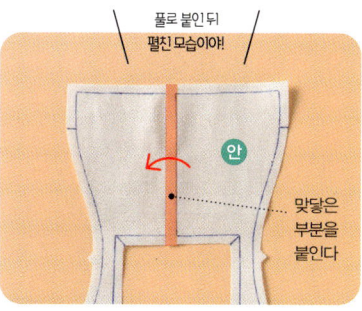

풀로 붙인뒤
펼친 모습이야!

맞닿은
부분을
붙인다

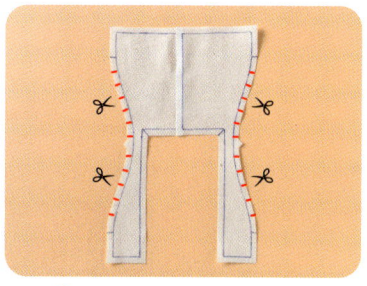

2 1에서 소매에 낸 가위집 사이의 시접을 완성선 안쪽으로 접어 풀로 붙인다.

3 몸판을 겉끼리 맞대고 등의 뒤 중심 시접을 풀로 붙인다. 시접은 한쪽으로 넘긴다.

4 몸판 곡선 부분의 시접에 가위집을 낸다.

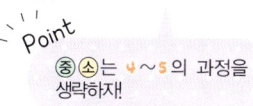

Point

중소는 4~5의 과정을 생략하자!

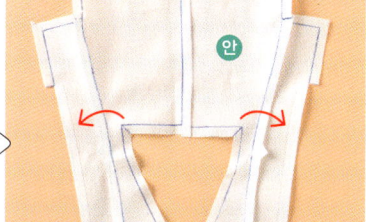

몸판의 가위집과 소매의 완성선을 맞춘다

맞닿은 부분을 붙인다

5 ① 2와 4를 겉끼리 맞대고 맞춤점 표시를 맞춘다. 몸판의 가위집과 소매의 완성선을 맞춰 풀로 붙인다.
② 시접은 소매 쪽으로 넘긴다.

Point

소매와 몸판을 붙일 때는 소매 시접에 풀을 바르고 몸판을 맞춘다는 느낌으로 끝에서부터 붙이면 쉬워!

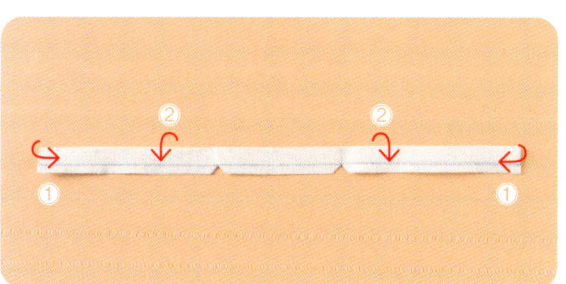

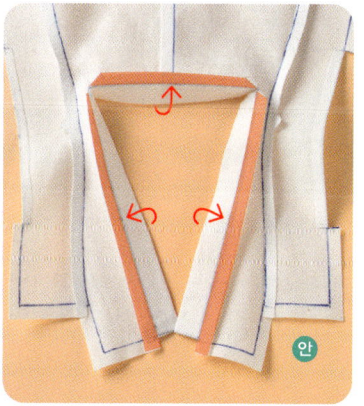

6 ① 깃의 양쪽 끝을 완성선 안쪽으로 접어 풀로 붙인다.
② 반으로 접고 풀로 붙여 긴 직사각형 모양으로 만든다.

7 p.71의 9~13(10은 생략)과 같은 방법으로 깃을 몸판에 붙인다. 시접은 몸판 쪽으로 넘기고 다리미로 정돈한다.

깃 시접을 넘긴뒤 안에서 본 모습이야!

Point

중소는 시접을 가르기 전에 겨드랑이 부분에 도안대로 가위집을 내자.

모서리를 잘라낸다

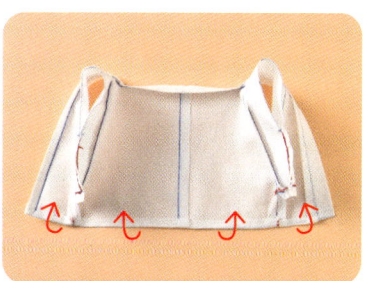

8 소매와 몸판 옆선을 바느질하고 소매 모서리를 잘라낸다. 다리미로 옆선 시접을 가른다.

9 밑단 시접을 완성선 안쪽으로 접어 풀로 붙인다.

10 소매를 겉으로 빼내고 다리미로 정돈하면 완성!

하카마

만들기는 복잡하지만
특별한 날에 입혀 주고 싶은
일본의 전통 하의!

Back

도안 : p.119~122 참고

준비물						
○ 브로드클로스	대 25×27cm		중 15×22cm		소 10×15cm	
○ 벨크로	대 0.8×0.8cm	2개	중 0.8×0.8cm	2개	소 0.5×0.5cm	2개

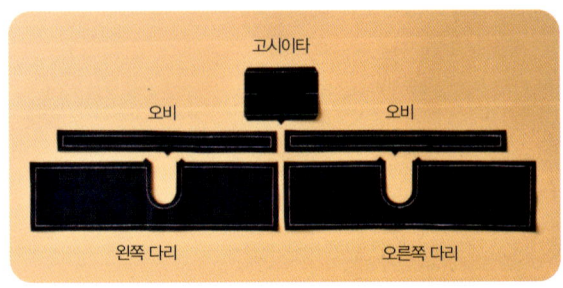

고시이타

오비   오비

왼쪽 다리   오른쪽 다리

1 도안을 원단에 옮겨 그린 뒤 모든 부위의 원단을 자른다.
※고시이타는 남성용 하카마의 허리 뒤쪽에 대는 판을 뜻한다.

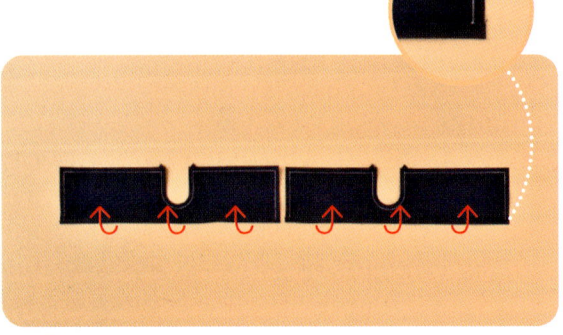

2 밑단 시접을 완성선 안쪽으로 접어 풀로 붙인다.

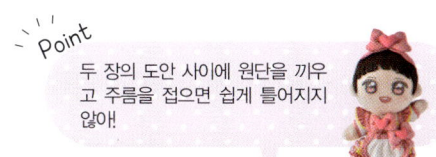

Point

두 장의 도안 사이에 원단을 끼우고 주름을 접으면 쉽게 틀어지지 않아!

트임　도안　왼쪽 다리 안　트임

도안

3 도안 두 장을 표시된 접음선을 따라 접는다. 사진과 같이 두 장의 도안 사이에 원단을 끼우고 클립으로 고정한다. 도안에 맞춰 주름과 트임을 하나씩 접어 다린다. 반대쪽 다리도 같은 방법으로 접는다.

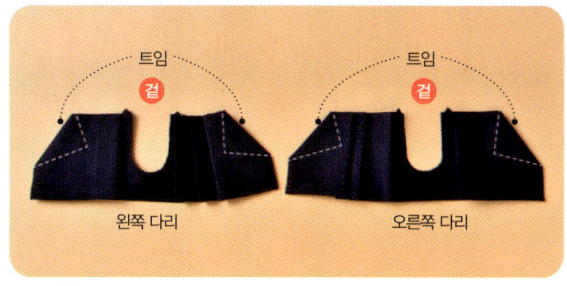

트임 겉　트임 겉

왼쪽 다리　오른쪽 다리

4 오른쪽 다리와 왼쪽 다리를 접은 모습. 트임 부분은 풀로 붙인다.

맞닿은 부분을 붙인다

안

5 주름을 펼쳐서 오른쪽 다리와 왼쪽 다리를 겉끼리 맞대고 밑위 시접을 풀로 붙인다.

6 5의 ★과 ☆을 같은 색끼리 맞춘다. 몸판을 안끼리 맞대고 주름을 다시 접는다.

접음선 안쪽을 붙인다

7 앞쪽의 주름이 겹치는 부분의 시접을 풀로 붙인다.

접음선 안쪽을 붙인다

8 뒤쪽도 같은 방법으로 주름의 시접을 붙인다.

9 고시이타에 도안대로 가위집을 내고 사진과 같이 접어 풀로 붙인다.

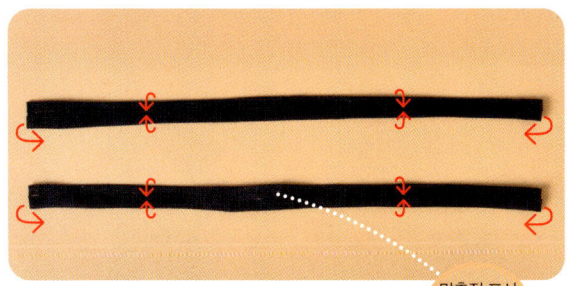

맞춤점 표시

10 오비의 양쪽 끝과 위아래를 각각 완성선 안쪽으로 접어 다린다. 맞춤점 표시가 있는 쪽이 위를 향하게 놓고 풀로 붙인다.

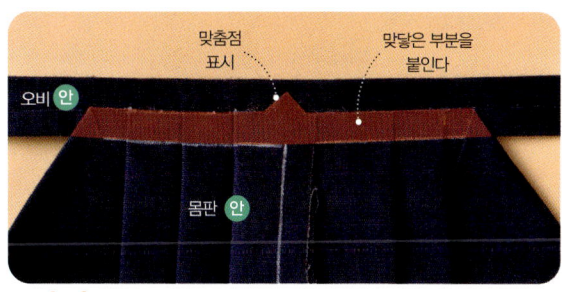

맞춤점 표시　맞닿은 부분을 붙인다

오비 안

몸판 안

11 몸판 앞쪽의 허리와 오비의 맞춤점 표시를 맞춰 풀로 붙인다.

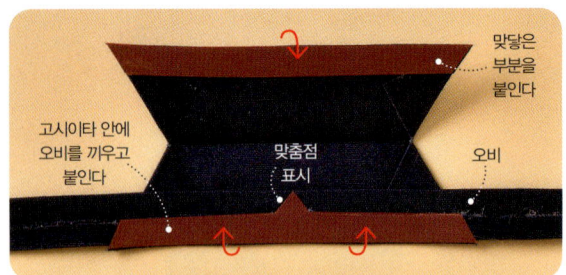

맞닿은
부분을
붙인다

고시이타 안에
오비를 끼우고
붙인다

맞춤점
표시

오비

12 고시이타 위아래 시접을 완성선 안쪽으로 접어 다린다. 아
래쪽의 맞춤점 표시를 맞춰 나머지 오비를 고시이타 사이
에 끼운 뒤 풀로 붙인다.

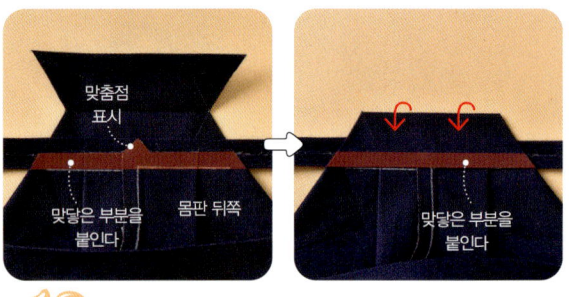

맞춤점
표시

맞닿은 부분을
붙인다

몸판 뒤쪽

맞닿은 부분을
붙인다

13 12에 몸판 뒤쪽의 맞춤점 표시를 맞춰 풀로 붙인다. 고시
이타 시접에 풀을 바르고 몸판 위에 붙인다.

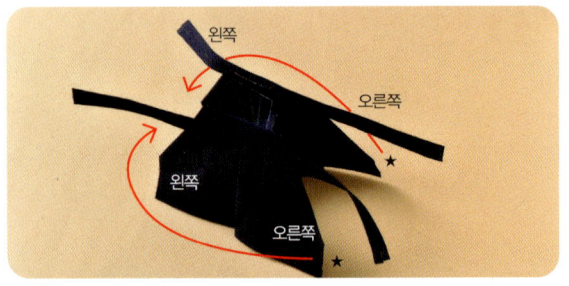

왼쪽

오른쪽

왼쪽

오른쪽 ★

오른쪽 ★

14 오른쪽 다리의 옆선(★)을 사진과 같이 왼쪽 다리를 감싸듯
이 겉끼리 맞댄다.

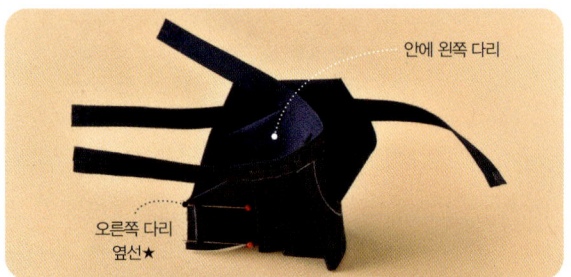

안에 왼쪽 다리

오른쪽 다리
옆선★

15 오른쪽 다리의 옆선(★)을 겉끼리 맞대고 시접을 시침핀으
로 고정한다.

겉으로
뒤집자!

왼쪽
다리

오른쪽
다리

16 오른쪽 다리의 옆선을 완성선 따라
바느질한 뒤 밑단을 통해 겉으로 뒤
집는다.

안에
오른쪽 다리

왼쪽 다리 옆선

17 왼쪽 다리도 마찬가지로 오른쪽 다리를 감싸듯이 겉끼리
맞대고 옆선을 바느질한다.

루프

후크

루프

후크

18 겉으로 뒤집어 오비에 벨크로를 달면 완성!

Column

하카마 입는 방법

하카마는 고시이타가 있는 쪽이 뒤로 오게 입는다. 먼저
앞쪽 오비를 허리 뒤로 둘러 고정한 뒤 고시이타를 포갠
다. 고시이타에 달린 오비를 앞쪽으로 둘러 고정한다.

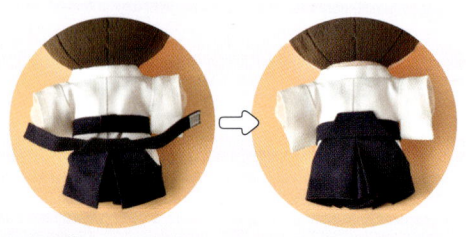

캡

스포티한 느낌의 모자★
챙의 컬러를 바꿔도 귀여워!

L size

L size ＼ 대 중 의 머리에 쏙 들어가는 사이즈 ／

S size

S size ＼ 대 중 에는 가볍게 얹을 수 있고 소 에는 쏙 들어가는 사이즈 ／

노안 : p.123~124 참고

준비물

🔍 옥스퍼드 ················· L 10×30cm S 6×28cm
🔍 접착 심지 ················· L 10×30cm S 6×28cm

캡 L

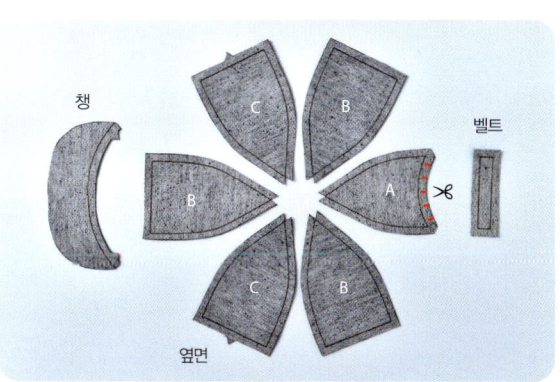

챙   벨트
C   B
B   A
C   B
옆면

1 집착 심지를 붙인 원단에 도안을 옮겨 그린 뒤 모든 부위의 원단을 자른다. 접착 심지를 붙이는 방법은 p.19를 참고한다. A의 아래쪽 곡선 부분 시접에 기위집을 낸다.

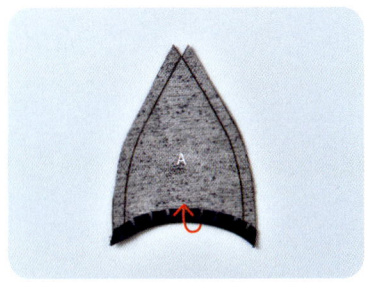

2 A의 아랫부분 시접을 완성선 안쪽으로 접어 풀로 붙인다.

Point
풀은 바르지 않아도 괜찮아!

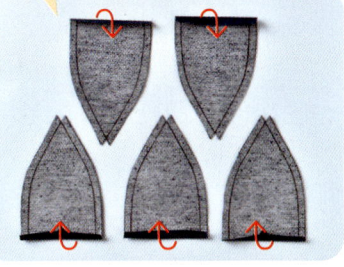

3 B. C의 아랫부분 시접도 완성선 안쪽으로 접고 다리미로 누른다.

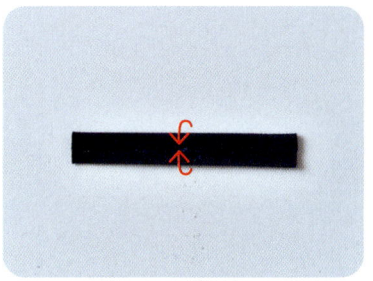

4 벨트의 위아래를 완성선 안쪽으로 접어 풀로 붙인다.

앞 중심이 된다   뒤 중심이 된다

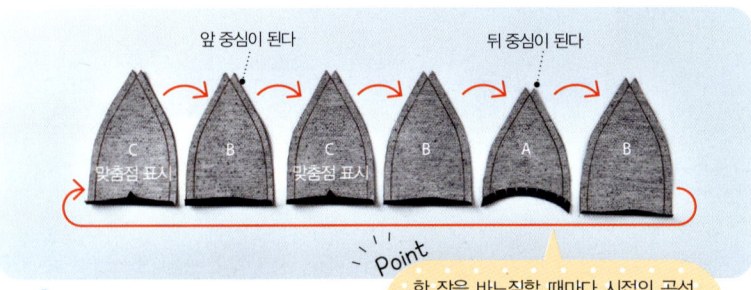

C   B   C   B   A   B
맞춤점 표시   맞춤점 표시

5 A~C를 사진과 같이 연결할 순서대로 나열한다. 연결할 옆면을 겉끼리 맞대고 완성선을 따라 바느질해 나간다. B. C의 아랫부분 시접은 펼쳐서 바느질한다.

Point
한 장을 바느질할 때마다 시접의 곡선 부분에 가위집을 내고 다리미로 시접을 가르자!

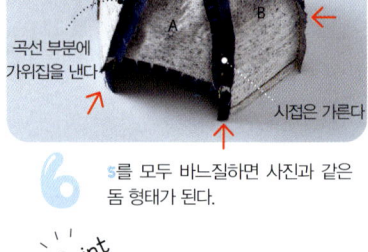

C   B
B   C
B   B
A

곡선 부분에 가위집을 낸다

시접은 가른다

6 5를 모두 바느질하면 사진과 같은 돔 형태가 된다.

7 B. C의 아랫부분 시접을 다시 완성선 안쪽으로 접어 풀로 붙인다.

Point
원단을 양면으로 만들어 사용하자. 열접착 시트 (p.19 참고)로 붙여도 좋아!

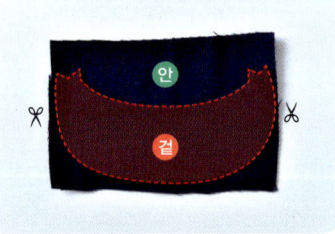

안
겉

8 적당한 크기로 자른 원단과 챙을 안끼리 맞대고 챙 안쪽에 풀을 바른다. 원단에 붙인 뒤 원단을 잘라낸다.

Point
챙의 곡선 부분은 붙이기 전에 가위집을 내자!

맞춤점 표시   맞춤점 표시

맞닿은 부분을 붙인다   안

9 8을 몸판의 맞춤점 표시에 맞춰 풀로 붙인다.

맞닿은 부분을 붙인다   안

10 벨트를 몸판 뒤에 풀로 붙인다.

11 겉으로 뒤집으면 완성!

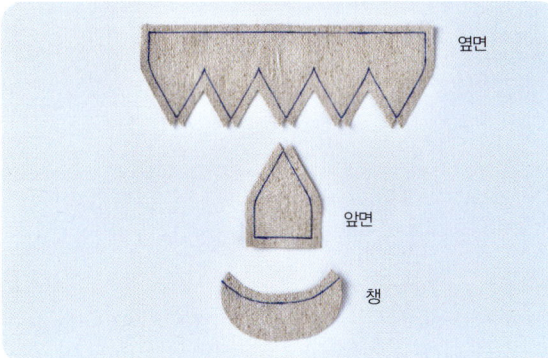

옆면

앞면

챙

1 접착 심지를 붙인 원단에 도안을 옮겨 그린 뒤 모든 부위의 원단을 자른다. 접착 심지를 붙이는 방법은 p.19를 참고한다.

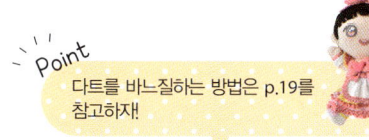

Point 다트를 바느질하는 방법은 p.19를 참고하자!

바느질한다

A B C D

바느질한다

2 옆면과 앞면의 아랫부분 시접을 완성선 안쪽으로 접고 다리미로 누른다.

Point 풀은 바르지 않아도 괜찮아!

3 옆면의 다트(사진A~D)를 바느질한다. 옆면과 앞면을 겉끼리 맞대고 완성선을 따라 바느질하면 돔 형태가 된다. 아랫부분 시접은 펼쳐서 바느질한다.

위에서 본 모습

다트를 바느질한다

4 3을 바느질한 모습. 다리미로 시접을 가른다.

5 아랫부분 시접을 다시 완성선 안쪽으로 접어 풀로 붙인다.

Point 챙의 곡선 부분은 붙이기 전에 가위집을 내지!

맞닿은 부분을 붙인다

앞면

안

6 p.78의 3과 같은 방법으로 챙을 만든다. 앞면이 가운데에 오도록 챙을 몸판에 풀로 붙인다.

7 겉으로 뒤집으면 완성!

베레모

컬러를 바꾸면
멋진 군모로 변신!

L
size

L size \ 대 중 의 머리에 쏙 들어가는 사이즈 /

S
size

S size \ 대 중 에는 가볍게 얹을 수 있고 소 에는 쏙 들어가는 사이즈 /

준비물

도안 : p.124~125 참고

⚬ 울	L 18×35cm	S 10×20cm
⚬ 접착 심지	L 2×30cm	S 1.6×18.4cm

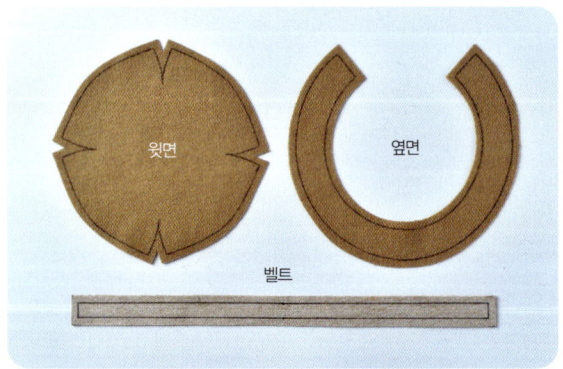

1 도안을 원단에 옮겨 그린 뒤 모든 부위의 원단을 자른다. 벨트는 접착 심지를 붙인 원단에 도안을 옮겨 그린 뒤 원단을 자른다. 접착 심지를 붙이는 방법은 p.19를 참고한다.

Point
풀은 바르지 않아도 괜찮아!

Point
벨트는 **2**에서 접은 아랫부분
시접을 펼쳐서 바느질하자!

옆면 **안**   벨트 **안**

2 벨트 아랫부분 시접을 완성선 안쪽으로 접고 다리미로
누른다.

3 벨트와 옆면을 각각 겉끼리 맞대고 고리 모양이 되도록 양
쪽 끝을 바느질한 뒤 시접을 가른다.

4 **3**의 벨트 아랫부분 시접을 다시 완
성선 안쪽으로 접어 풀로 붙인다.

맞닿은 부분을
붙인다

벨트 **안**
(접음선이 아래쪽)

옆면 **안**

솔기를
나란히 맞춘다

5 사진과 같이 벨트와
옆면을 겉끼리 맞대
고 풀로 붙인다.

Point
3에서 바느질한 벨
트와 옆면의 솔기를
나란히 맞추자!

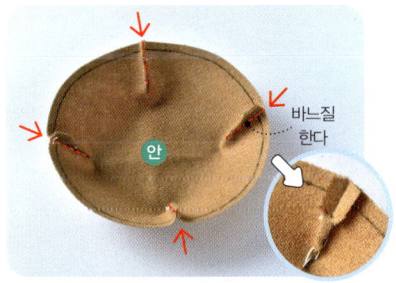

6 윗면의 다트를 모두 바느질한 뒤 시접
을 가른다. 다트를 바느질하는 방법은
p.19를 참고한다.

바느질
한다

안

옆면 **안**   바느질
한다

벨트 **안**

솔기를
나란히 맞춘다

윗면 **안**

7 사진과 같이 **6** 위에
5를 겉끼리 맞대고
시침핀으로 고정한
뒤 완성선을 따라 둥
글게 바느질한다.

Point
5의 솔기와 **6**에서 바
느질한 다트의 솔기 하
나를 나란히 맞추자!

접음선을
바깥쪽으로

8 **7**까지 마친 모습. 벨트 시접은 윗면
쪽으로 넘겨 벨트의 접음선을 바깥
쪽으로 뺀다.

9 겉으로 뒤집으면 완성!

위에서 본 모습

스니커즈

세련된 느낌의 운동화
최애와 함께 달려 보자!

(대)

(중)

(소)

준비물

도안 : p.126~127 참고

준비물	대	중	소
옥스퍼드	(대) 6×20cm	(중) 4×12cm	(소) 3×8cm
합성피혁	(대) 2×5cm	(중) 1.5×3cm	(소) 1×2cm
합성피혁(밑창)	(대) 0.5×15cm 2개	(중) 0.3×10cm 2개	(소) 0.3×8cm 2개
코르크판	(대) 5×8cm(두께 4mm)	(중) 3×5cm(두께 2mm)	(소) 2×4cm(두께 2mm)
끈(릴리안 실 등)	(대) 약 30cm 2개	(중) 약 8cm 2개	(소) 약 6cm 2개

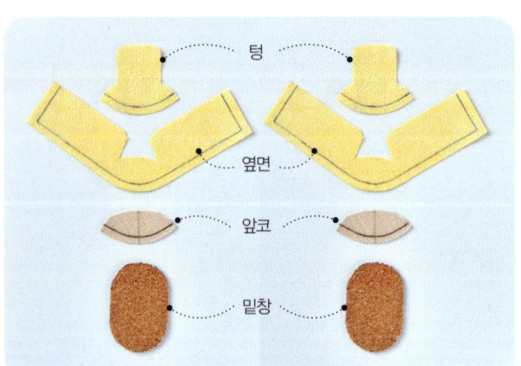

텅

옆면

앞코

밑창

1 도안을 원단에 옮겨 그린 뒤 모든 부위의 원단을 자른다.

Point

◆ 얇은 원단을 사용하고 싶다면 접착 심지를 붙여서 만들어 봐! 접착 심지를 붙이는 방법은 p.19를 참고하자.

◆ 밑창은 얇은 코르크판 두 장을 붙여서 사용해도 돼!

Point

(중)(소)사이즈는 두꺼운 바늘로 구멍을 뚫은 뒤 대나무 꼬치나 송곳으로 구멍을 넓히자!

2 홀 펀치(여기서는 2.5mm)를 사용해 도안대로 옆면에 좌우 세 개씩 구멍을 뚫는다.

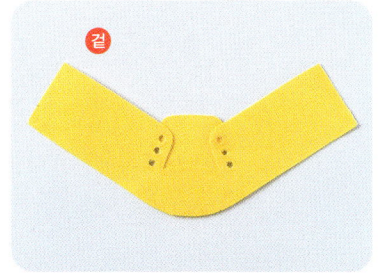

맞닿은 부분을 붙인다

3 텅의 겉면 시접에 풀을 바르고 **2**에 붙인다.

4 **3**을 겉에서 본 모습.

맞닿은 부분을 붙인다

5 앞코 안면 전체에 접착제를 바르고 **4**에 붙인다.

Point

앞코를 합성피혁으로 만들려면 수예용 풀이 아닌 합성피혁을 붙일 수 있는 접착제를 사용하자!

6 **5**를 겉끼리 맞대고 양쪽 끝을 바느질한다. 다리미로 시접을 가른다.

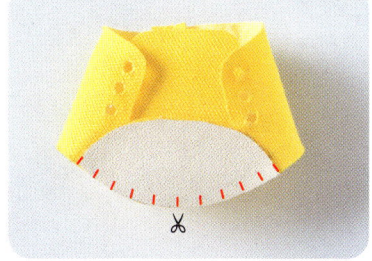

7 겉으로 뒤집어 앞코 시접에 가위집을 낸다.

바닥은 이런 느낌

Point

사용하는 원단이나 합성피혁의 두께에 따라 스니커즈의 원둘레가 변하므로 밑창에 붙일 합성피혁은 여유 있게 준비해서 남은 부분을 잘라내자.

밑창

맞닿는 부분을 붙인다

8 몸판의 안면 시접에 접착제를 바르고 뒤꿈치부터 씌우듯이 밑창에 붙인다.

뒤 중심

3 mm

9 밑창용 합성피혁(대형은 폭 5mm, 중형·소형은 폭 3mm)을 **8**에 붙인다. 접착제를 사용해 뒤 중심부터 빙 둘러 붙인다.

10 밑창까지 모두 붙인 모습.

매듭에 풀을 바르면 풀리지 않아!

11 올풀림 방지 처리를 한 끈을 구멍에 통과시키고 매듭을 묶으면 완성!

화상에 주의하자!

Point

끈이 면 소재라면 올풀림 방지액을 바르자. 폴리에스터 소재라면 라이터로 끝부분을 살짝 그을려 올풀림 방지 처리를 해야 해!

중·소는 리본으로 묶은 끈을 풀로 붙이지!

대 중 소

부츠

캐주얼 룩에도 록 패션에도 어울리는
레이스업 부츠♪

대

중

소

도안 : p.126~127 참고

준비물

		대	중	소
🔍 합성피혁		대 6×30cm	중 4×20cm	소 3×12cm
🔍 합성피혁(밑창)		대 0.5×15cm 2개	중 0.3×10cm 2개	소 0.3×8cm 2개
🔍 코르크판		대 5×8cm(두께 4mm)	중 3×5cm(두께 2mm)	소 2×4cm(두께 2mm)
🔍 끈(대 중 은 릴리얀 실, 소 는 실)		대 약 30cm 2개	중 약 20cm 2개	소 약 15cm 2개

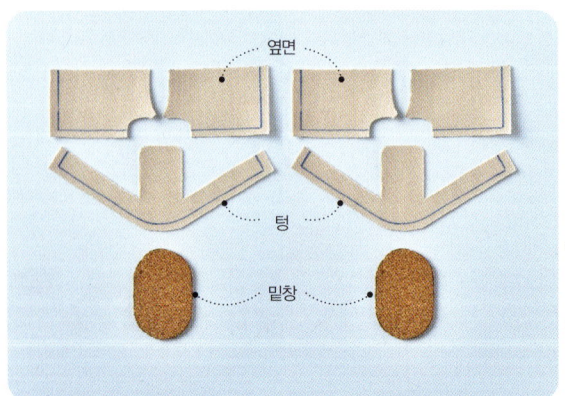

옆면

텅

밑창

1 도안을 원단에 옮겨 그린 뒤
모든 부위의 원단을 자른다.

Point

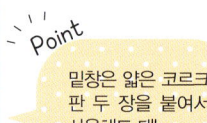

밑창은 얇은 코르크
판 두 장을 붙여서
사용해도 돼!

Point

중 소 사이즈는 두꺼운 바늘로 구멍을 뚫은 뒤 대나무 꼬치나 송곳으로 구멍을 넓히자!

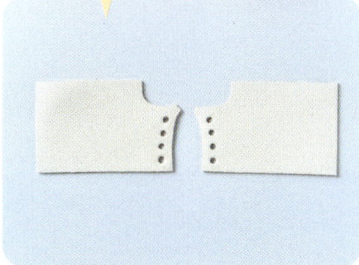

2. 홀 펀치(여기서는 2.5mm)를 사용해 도안대로 옆면에 좌우 네 개씩 구멍을 뚫는다.

3. 사진과 같이 옆면과 텅의 끝을 맞춘다. 옆면 시접에 접착제를 바르고 텅에 붙인다.

4. 를 겉에서 본 모습.

Point

합성피혁은 다림질을 할 수 없으니 시접은 손톱으로 접어서 가르자!

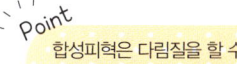

5. 를 겉끼리 맞대고 양쪽 끝을 바느질한다. 시접은 손톱으로 가른다.

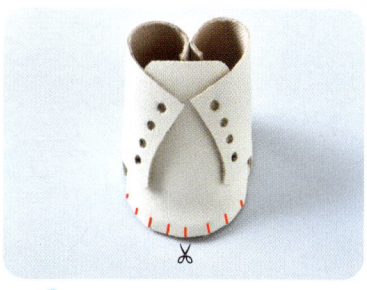

6. 겉으로 뒤집어 앞코 시접에 가위집을 낸다.

밑창

맞닿은 부분을 붙인다

7. 몸판의 안면 시접에 접착제를 바르고 뒤꿈치부터 씌우듯이 밑창에 붙인다.

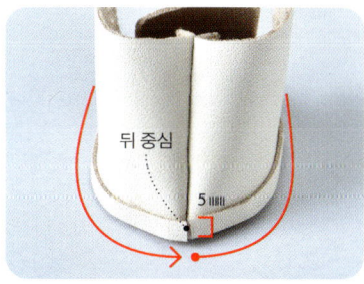

뒤 중심

5

8. 밑창용 합성피혁(대형은 폭 5mm, 중형·소형은 폭 3mm)을 에 붙인다. 접착제를 사용해 뒤 중심부터 빙 둘러 붙인다.

매듭에 풀을 바르면 풀리지 않아!

9. 올풀림 방지 처리를 한 끈을 구멍에 통과시키고 매듭을 묶으면 완성!

Point

사용하는 합성피혁의 두께에 따라 부츠의 원둘레가 변하므로 밑창에 붙일 합성피혁은 여유 있게 준비해서 남은 부분을 잘라내자.

Point

끈이 면 소재라면 올풀림 방지액을 바르자. 폴리에스터 소재라면 라이터로 끝부분을 살짝 그을려 올풀림 방지 처리를 해야 해!

화상에 주의하자!

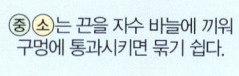

중 소 는 끈을 자수 바늘에 끼워 구멍에 통과시키면 묶기 쉽다.

 대 중 소

로퍼

교복이나 슈트에 어울리는
신고 벗기 편한 구두

대

중

소

준비물

도안 : p.126~127 참고

- 합성피혁 ··················· 대 6×30cm   중 4×17cm   소 3×13cm
- 합성피혁(밑창) ··········· 대 0.5×15cm 2개   중 0.3×10cm 2개   소 0.3×8cm 2개
- 코르크판 ··················· 대 5×8cm(두께 4mm)   중 3×5cm(두께 2mm)   소 2×4cm(두께 2mm)
- 취향에 따라 인형용 버클 등(대 는 0.7×0.6cm를 사용)

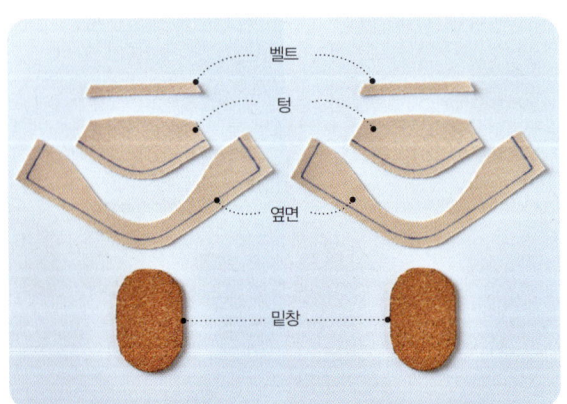

벨트

텅

옆면

밑창

1 도안을 원단에 옮겨 그린 뒤
모든 부위의 원단을 자른다.

Point
밑창은 얇은 코르크
판 두 장을 붙여서
사용해도 돼!

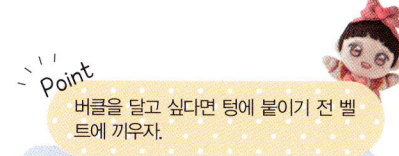

Point
버클을 달고 싶다면 텅에 붙이기 전 벨트에 끼우자.

겉
벨트를 붙인다

안
맞닿은 부분을 붙인다

2 텅에 벨트를 붙인다. 사진과 같이 옆면과 텅의 끝을 맞춰 겹치는 부분을 접착제로 붙인다.

Point
합성피혁은 다림질을 할 수 없으니 시접은 손톱으로 접어서 가르자!

안

3 2를 겉끼리 맞대고 양쪽 끝을 바느질한다. 시접은 손톱으로 가른다.

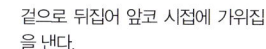

4 겉으로 뒤집어 앞코 시접에 가위집을 낸다.

맞닿은 부분을 붙인다

밑창

5 몸판의 안면 시접에 접착제를 바르고 뒤꿈치부터 씌우듯이 밑창에 붙인다.

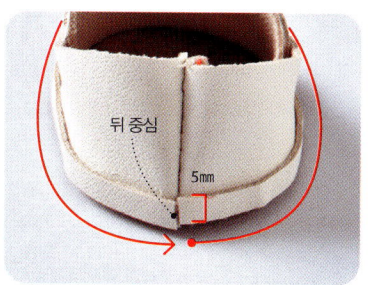

뒤 중심

5mm

6 밑창용 합성피혁(대형은 폭 5mm, 중형·소형은 폭 3mm)을 5에 붙인다. 접착제를 사용해 뒤 중심부터 빙 둘러 붙인다.

Point
사용하는 합성피혁의 두께에 따라 로퍼의 원둘레가 변하므로 밑창에 붙일 합성피혁은 여유 있게 준비해서 남은 부분을 잘라내자.

7 완성!

도안을 변형해
아이돌 의상 만들기

도안을 자유롭게 변형해 인형 옷을 만들어도 재미있다!
여기서는 도안을 활용한 '아이돌 의상 만들기' 아이디어를 소개한다.
다양한 스타일의 인형 옷과 소품을 구상해 만들어 보자!

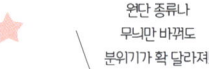
완단 종류나
무늬만 바꿔도
분위기가 확 달라져!

재킷
변형하기

p.32, 34의
'재킷'을 변형하면
반짝반짝 빛나는
남자 아이돌
의상으로 대변신!

베레모(p.80)에 캡(p.77)의 챙
을 붙여 제복 느낌으로 완성
해 보자! 베레모의 각 부위에
접착 심지를 붙이면 각잡힌
모습으로 표현할 수 있다.

세일러칼라 셔츠
(p.40)를 참고해
소매에 커프스를
추가했다.

베스트
변형하기

p.54의 '베스트'를
변형하면 귀여운
여자 아이돌
의상이 완성!

합성피혁을 잘라 가장자리와 안
쪽 면에 릴리얀 실(p.40)을 붙이
기만 하면 견장이 완성된다. 순
식간에 왕자님 느낌이 난다.

재킷(p.32, 34)을 참고
해 칼라를 추가했다.

취향에 따라 주머니를
붙여도 좋다.

Back

등 쪽 밑단을 늘려 연
미복 느낌으로 만들어
도 멋있다.

칼라나 밑단 등에 반짝이
리본끈을 붙이거나 펜으로
라인을 그려 테두리를 장
식하는 것도 좋다.

재킷 밑단은 원하는
형태로 바꿔 보자.

Back

플리츠 스커트 밑단에 레
이스를 달아도 예쁘다.

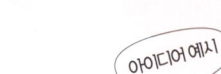
다큐트만의
도안 변형 포인트

만들고 싶은 옷에 가까운 도안을 찾자!

이 책에서 만들고 싶은 옷에 가까운 도안을 찾아본다. 도안을 부
직포 등에 옮겨 그린 뒤 인형에 시침핀으로 고정하고 어디에 무
늬를 넣을지, 어떤 형태로 만들지를 구상해 보면 아이디어를 떠
올리기 쉽다. 칼라나 밑단 모양만 바꿔 보는 것도 좋다. 우선 만들
고 싶은 옷을 잘 관찰해 어떤 도안을 활용할 수 있을지 생각하자.

장식이나 소품을 추가해 보자!

프릴이나 레이스, 리본, 끈 등을 추가해도 좋다. 무늬를 넣고 싶다
면 원단 염색 물감이나 유성 볼펜, 자수, 열전사지 등을 사용해 보
자. 스탠드칼라 교복에 단추 대신 비즈를 사용한 것처럼 원래 용
도와 다르게 사용할 수도 있다. 수예용품점이나 1000원숍 등에
서 활용할 수 있는 소품을 두 눈 크게 뜨고 찾아보자.

아이디어 예시
★체육복을 새틴 원단으로 바꿔 **수버니어 재킷**으로
★팬츠에 멜빵과 가슴바대를 달아 **멜빵 바지**로
(대)는 양쪽 여밈 부분을 엉덩이 쪽에)
★티셔츠의 네크라인을 V자로 만들어 **브이넥 티셔츠**로
★탱크 톱 밑단을 늘려 **민소매 원피스**로

PATTERN 도안

도안은 모두 100%(원본 크기) 배율로 복사하거나 트레이싱 페이퍼 등에 옮겨 그려서 사용하자.
도안 사용 방법은 p.15를 참고한다.

도안 보는 방법

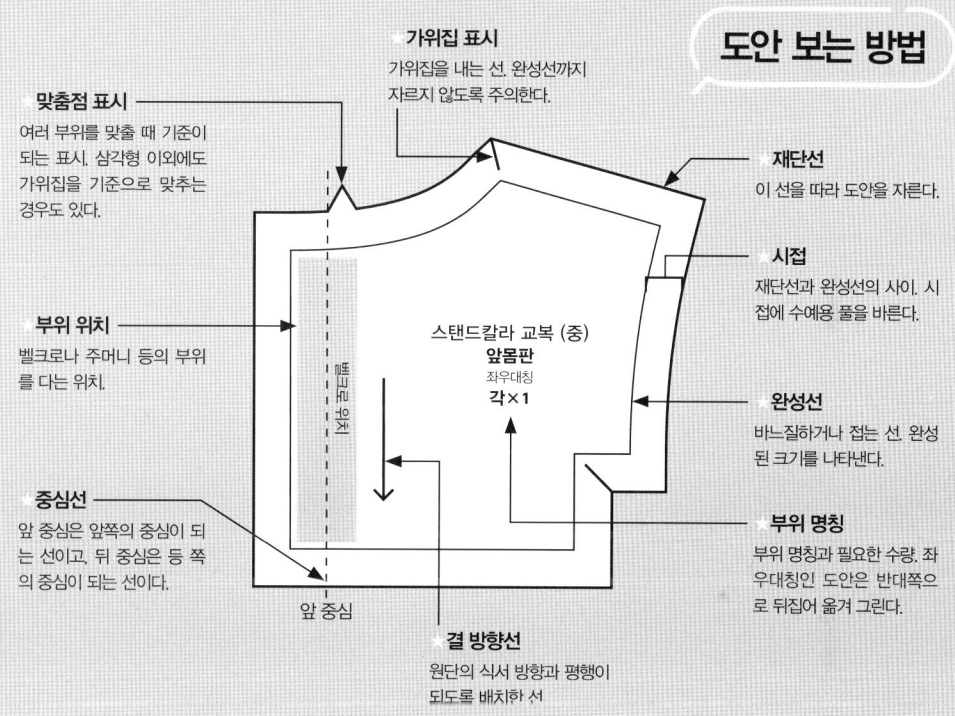

★ 맞춤점 표시
여러 부위를 맞출 때 기준이
되는 표시. 삼각형 이외에도
가위집을 기준으로 맞추는
경우도 있다.

★ 가위집 표시
가위집을 내는 선. 완성선까지
자르지 않도록 주의한다.

★ 재단선
이 선을 따라 도안을 자른다.

★ 시접
재단선과 완성선의 사이. 시
접에 수예용 풀을 바른다.

★ 부위 위치
벨크로나 주머니 등의 부위
를 다는 위치.

스탠드칼라 교복 (중)
앞몸판
좌우대칭
각×1

삐끄로 위치

★ 완성선
바느질하거나 접는 선. 완성
된 크기를 나타낸다.

★ 부위 명칭
부위 명칭과 필요한 수량. 좌
우대칭인 도안은 반대쪽으
로 뒤집어 옮겨 그린다.

★ 중심선
앞 중심은 앞쪽의 중심이 되
는 선이고, 뒤 중심은 등 쪽
의 중심이 되는 선이다.

앞 중심

★ 결 방향선
원단의 식서 방향과 평행이
되도록 배치한 선.

★ 두 장을 붙인 원단
원단 두 장을 붙이는 부위. 원단을
붙이는 방법은 p.19를 참고한다.

스탠드칼라 교복 (대)
두 장을 붙인 원단

칼라
좌우대칭
각×1

★ 골선이 있는 도안
골선은 좌우대칭인 도안
의 오른쪽 · 왼쪽 절반을
표시한 선이다. 도안에 표
시된 기호와 재단 방법은
p.15를 참고한다.

골선

스탠드칼라 교복 (중)
뒷몸판×1

★ 접음선
바깥쪽 또는 안쪽으로
접는 선. 접는 방향은
안면에서 봤을 때를
기준으로 표기한다.

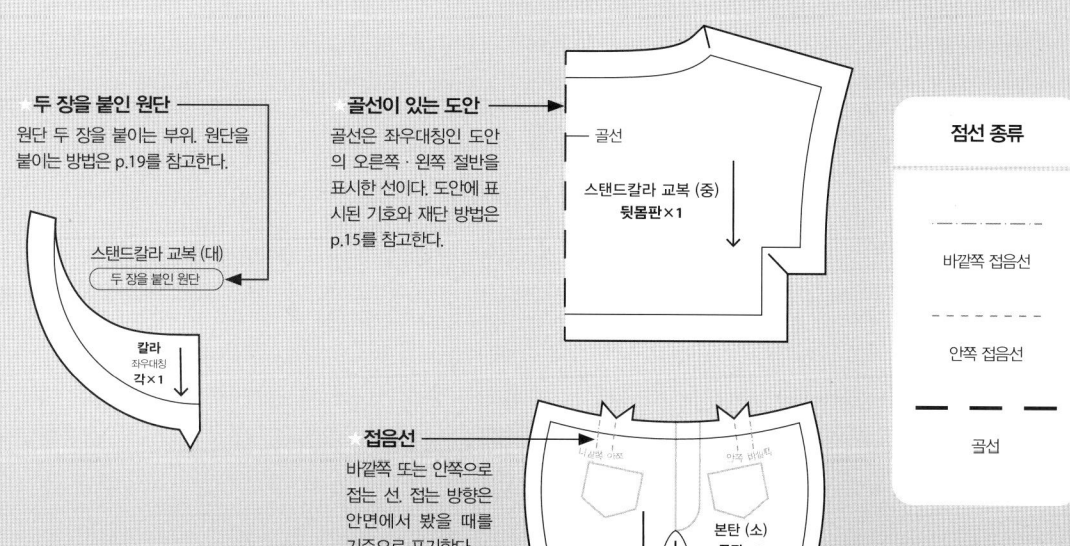

본탄 (소)
몸판×2

점선 종류

– · – · – · –
바깥쪽 접음선

- - - - - -
안쪽 접음선

▬   ▬   ▬
곡선

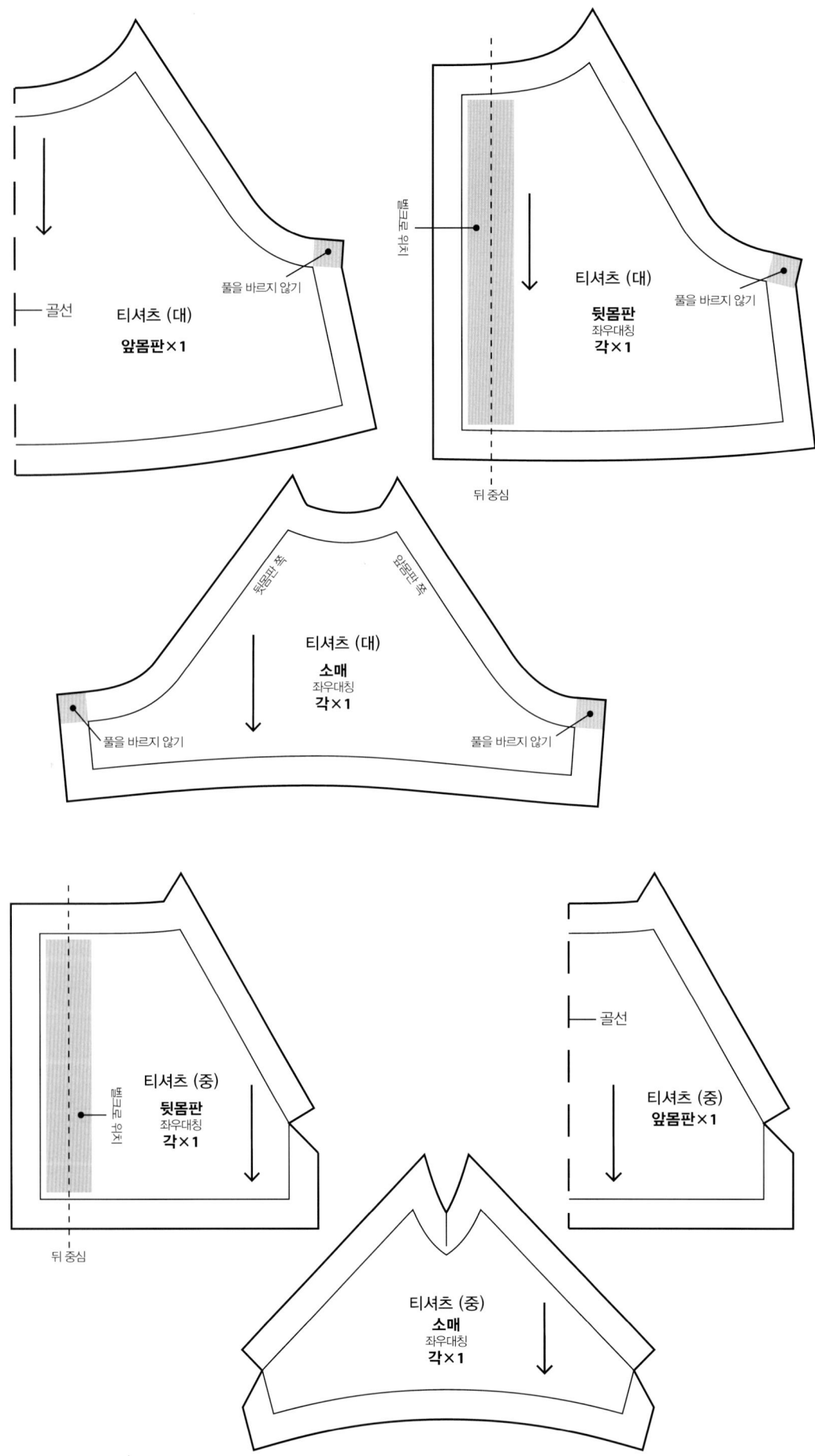

골선

티셔츠 (대)
앞몸판×1

풀을 바르지 않기

뽑크로 위치

티셔츠 (대)
뒷몸판
좌우대칭
각×1

풀을 바르지 않기

뒤 중심

뒷몸판 쪽

앞몸판 쪽

티셔츠 (대)
소매
좌우대칭
각×1

풀을 바르지 않기

풀을 바르지 않기

티셔츠 (중)
뒷몸판
좌우대칭
각×1

뽑크로 위치

뒤 중심

골선

티셔츠 (중)
앞몸판×1

티셔츠 (중)
소매
좌우대칭
각×1

티셔츠 (소)

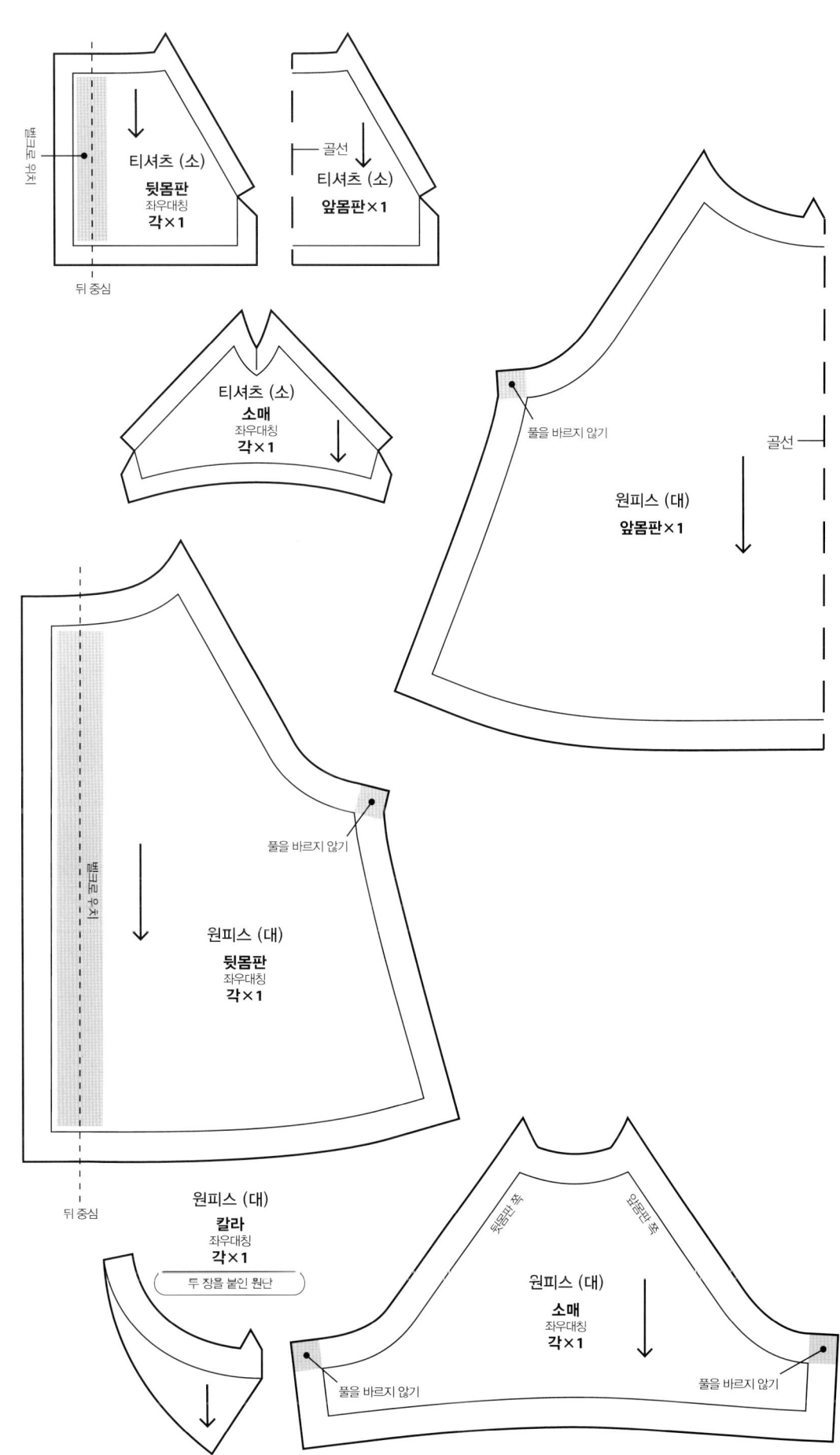

〈도안〉

원피스 (대)

빨크로 유지

뒤 중심

티셔츠 (소)
뒷몸판
좌우대칭
각×1

골선

티셔츠 (소)
앞몸판×1

티셔츠 (소)
소매
좌우대칭
각×1

풀을 바르지 않기

골선

원피스 (대)
앞몸판×1

빨크로 유지

풀을 바르지 않기

원피스 (대)
뒷몸판
좌우대칭
각×1

뒤 중심

원피스 (대)
칼라
좌우대칭
각×1

두 장을 붙인 원난

뒷몸판 쪽

앞몸판 쪽

원피스 (대)
소매
좌우대칭
각×1

풀을 바르지 않기

풀을 바르지 않기

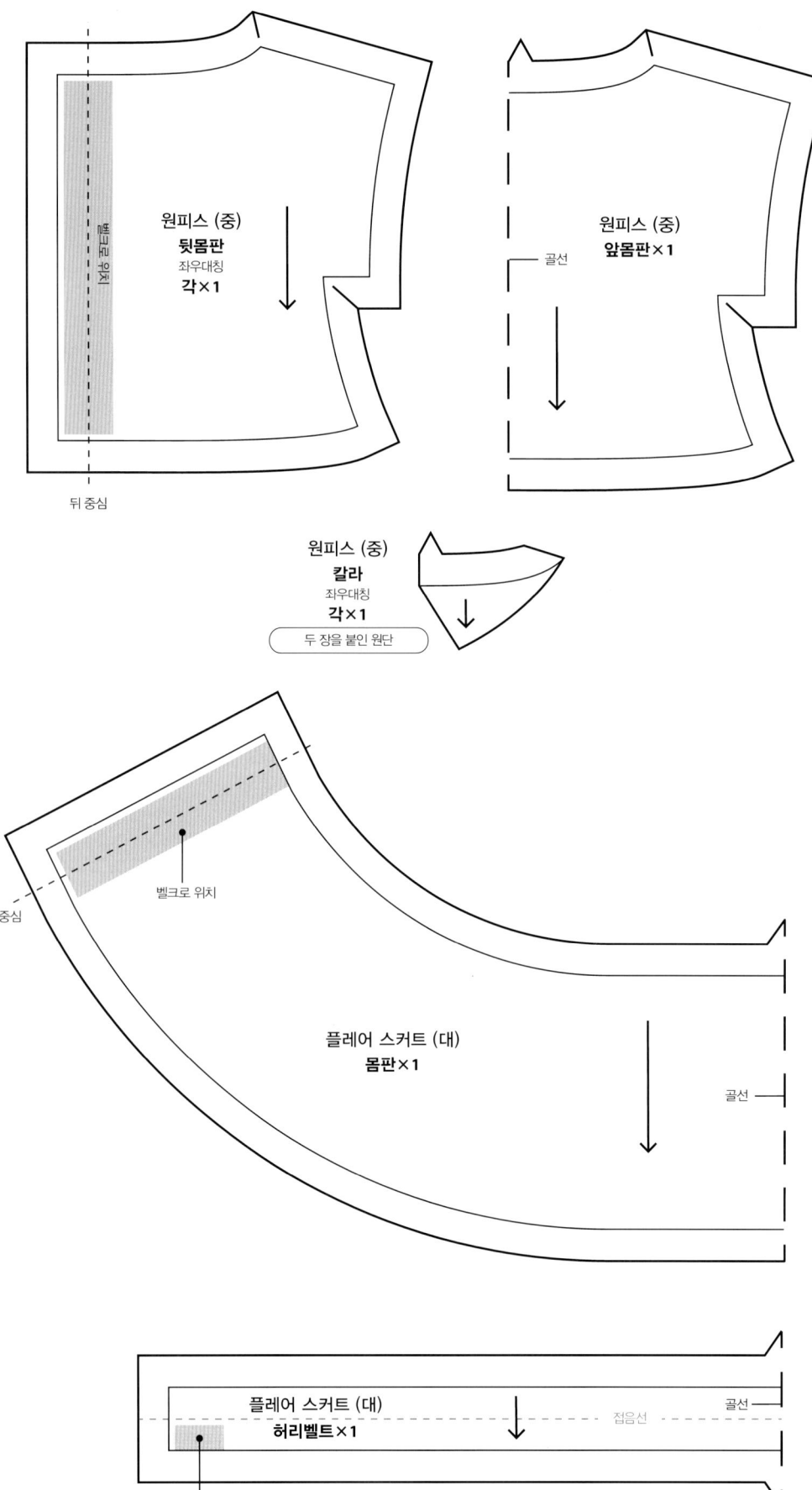

원피스 (중)
뒷몸판
좌우대칭
각×1

벨크로 위치

뒤 중심

원피스 (중)
앞몸판×1

골선

원피스 (중)
칼라
좌우대칭
각×1

두 장을 붙인 원단

벨크로 위치

뒤 중심

플레어 스커트 (대)
몸판×1

골선

플레어 스커트 (대)
허리벨트×1

골선

접음선

벨크로 위치

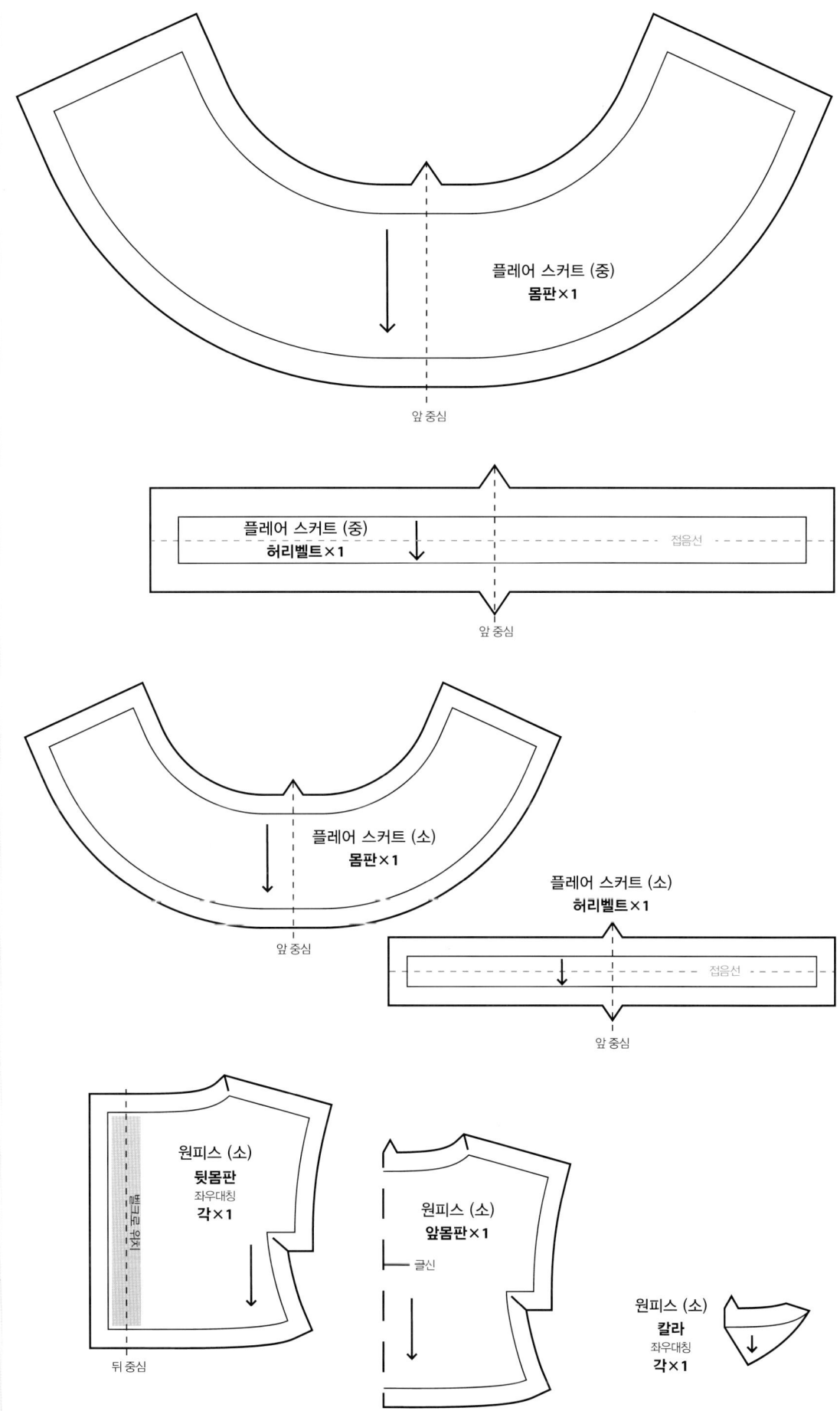

플레어 스커트 (중)
몸판×1

앞중심

플레어 스커트 (중)
허리벨트×1

접음선

앞중심

플레어 스커트 (소)
몸판×1

앞중심

플레어 스커트 (소)
허리벨트×1

접음선

앞중심

원피스 (소)
뒷몸판
좌우대칭
각×1

시보리 위치

뒤중심

원피스 (소)
앞몸판×1

글선

원피스 (소)
칼라
좌우대칭
각×1

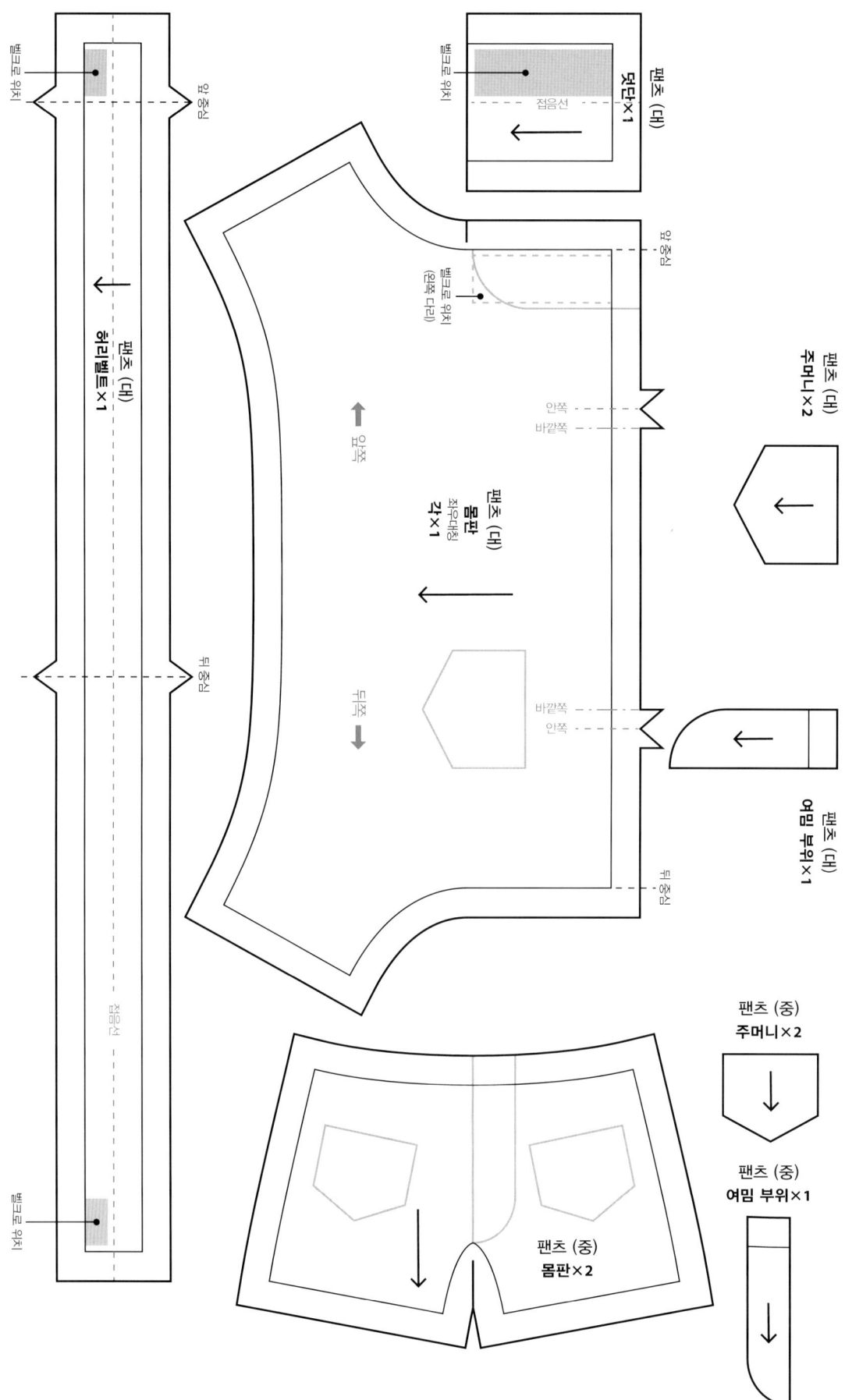

팬츠 (대)
윗단 ×1

빨크로 위치

접음선

팬츠 (대)
주머니 ×2

빨크로 위치

팬츠 (대)
여밈 부위 ×1

바깥쪽
안쪽

빨크로 위치

앞중심

빨크로 위치
(왼쪽 다리)

안쪽
바깥쪽

앞중심

앞쪽

뒤쪽

팬츠 (대)
몸판
좌우대칭
각 ×1

뒤중심

뒤중심

빨크로 위치

앞중심

팬츠 (대)
허리벨트 ×1

접음선

뒤중심

빨크로 위치

팬츠 (중)
주머니 ×2

팬츠 (중)
여밈 부위 ×1

팬츠 (중)
몸판 ×2

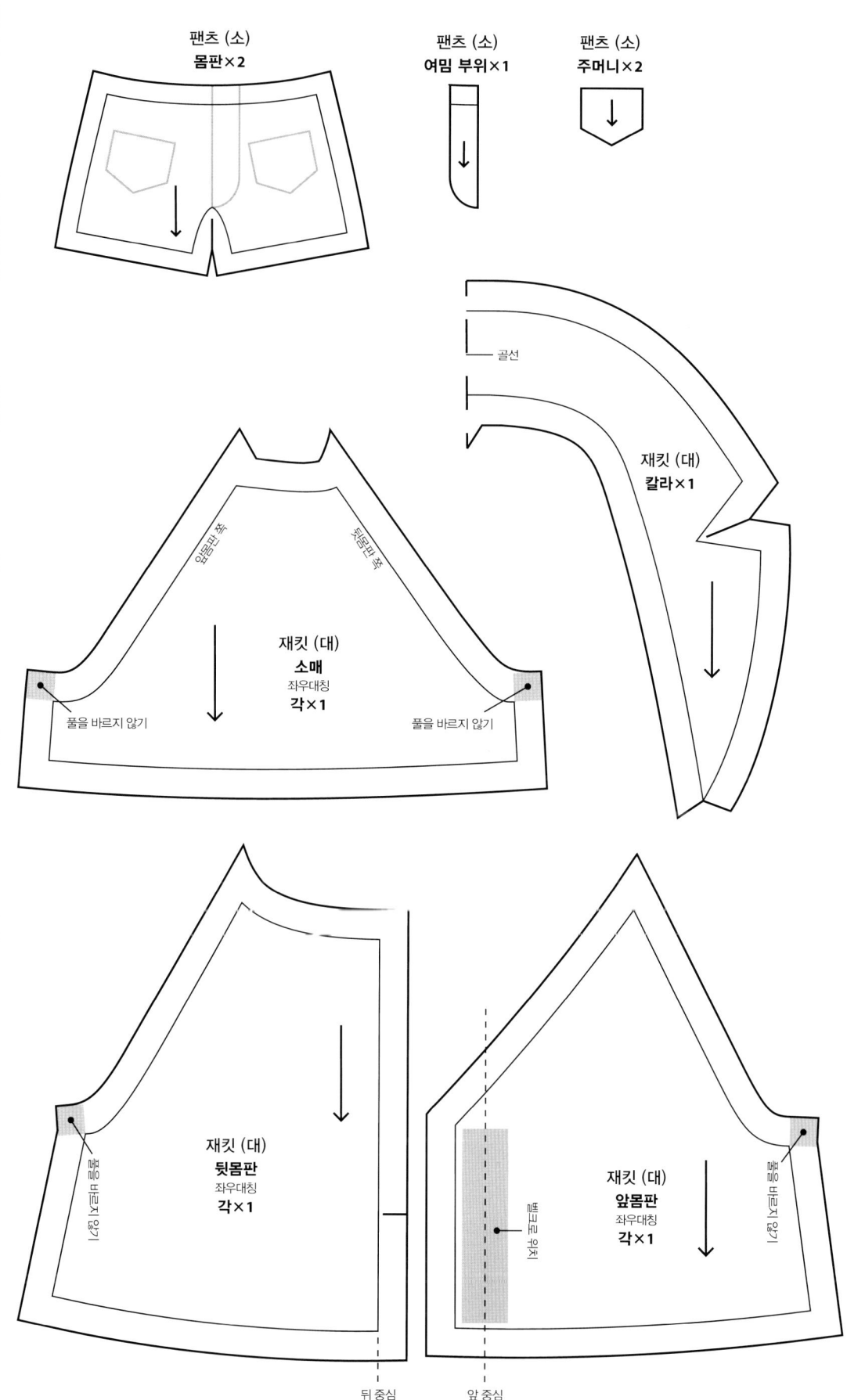

팬츠 (소)
몸판×2

팬츠 (소)
여밈 부위×1

팬츠 (소)
주머니×2

골선

재킷 (대)
칼라×1

앞몸판 쪽

뒷몸판 쪽

재킷 (대)
소매
좌우대칭
각×1

풀을 바르지 않기

풀을 바르지 않기

재킷 (대)
뒷몸판
좌우대칭
각×1

풀을 바르지 않기

재킷 (대)
앞몸판
좌우대칭
각×1

풀을 바르지 않기

뻐크로 위치

뒤 중심

앞 중심

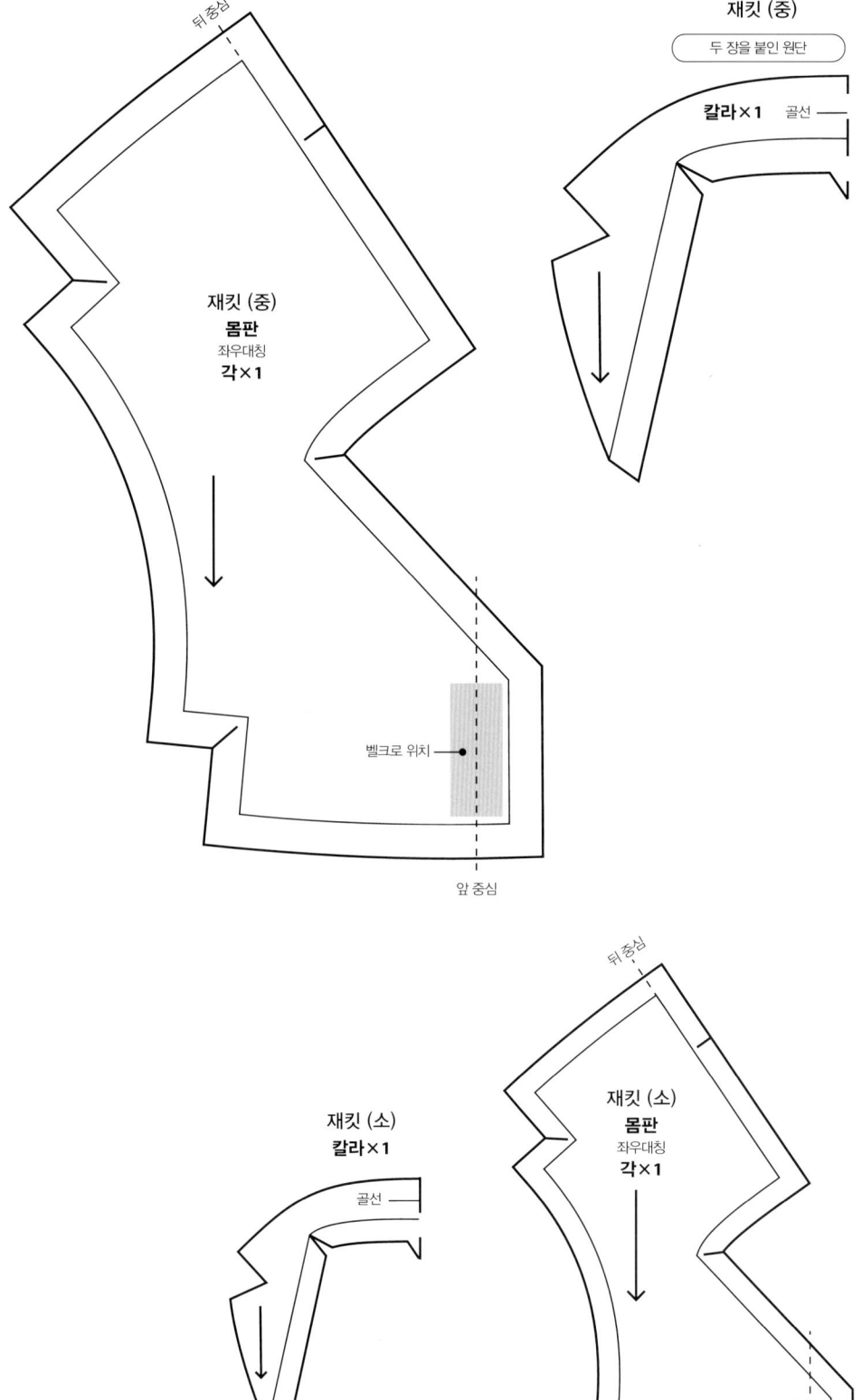

뒤 중심

재킷 (중)

두 장을 붙인 원단

칼라×1 골선

재킷 (중)
몸판
좌우대칭
각×1

벨크로 위치

앞 중심

재킷 (소)
칼라×1

골선

뒤 중심

재킷 (소)
몸판
좌우대칭
각×1

벨크로 위치

앞 중심

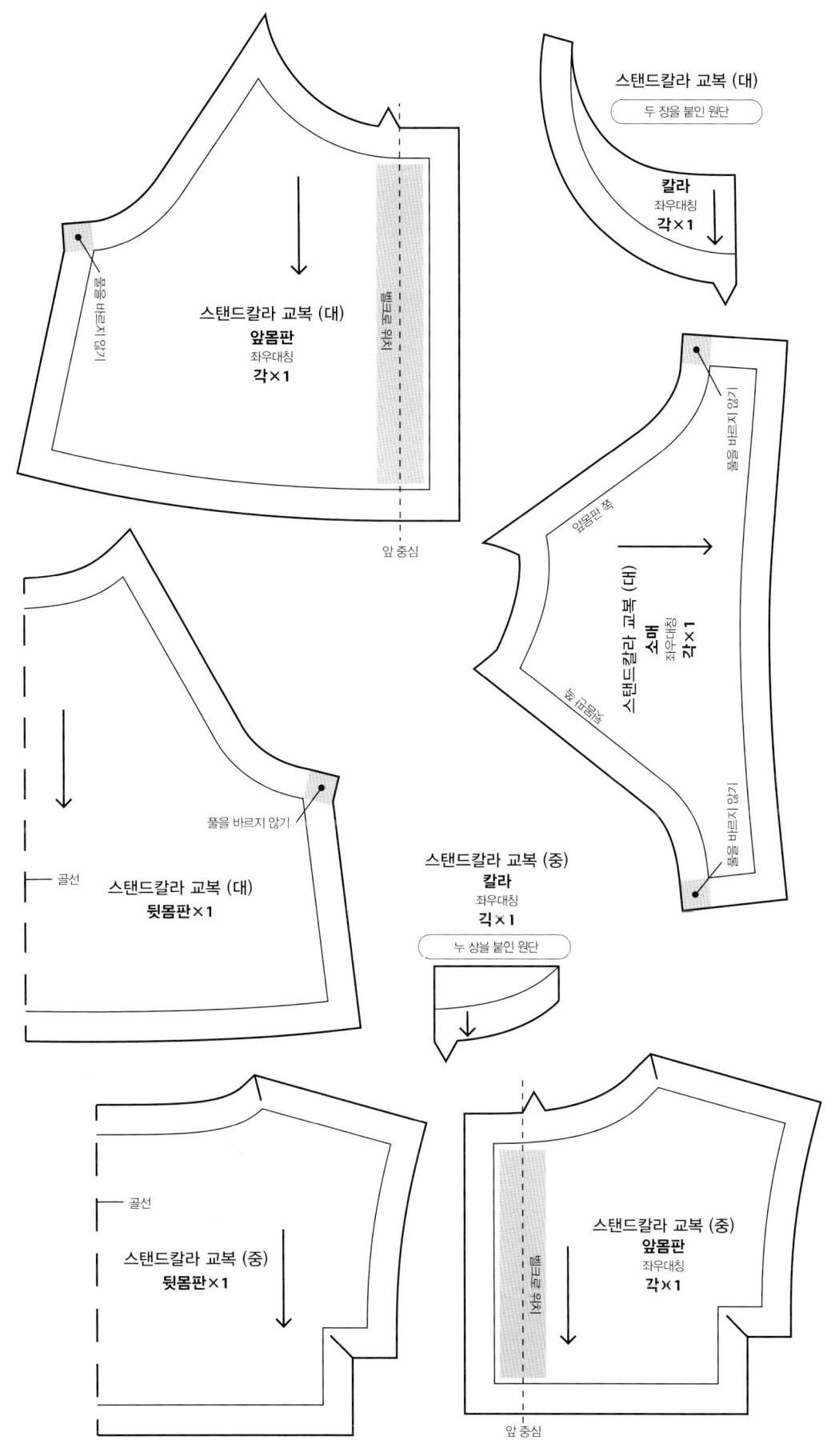

스탠드칼라 교복 (대)

두 장을 붙인 원단

칼라
좌우대칭
각×1

풀을 바르지 않기

스탠드칼라 교복 (대)
앞몸판
좌우대칭
각×1

빳빳로 위치

앞 중심

앞몸판 쪽

늘 교육름

스탠드칼라 교복 (대)
소매
좌우대칭
각×1

풀을 바르지 않기

풀을 바르지 않기

풀 을 바르지 않기

골선

스탠드칼라 교복 (대)
뒷몸판×1

스탠드칼라 교복 (중)
칼라
좌우대칭
긱×1

누 상늘 붙인 원단

골선

스탠드칼라 교복 (중)
뒷몸판×1

빳빳로 위치

스탠드칼라 교복 (중)
앞몸판
좌우대칭
각×1

앞 중심

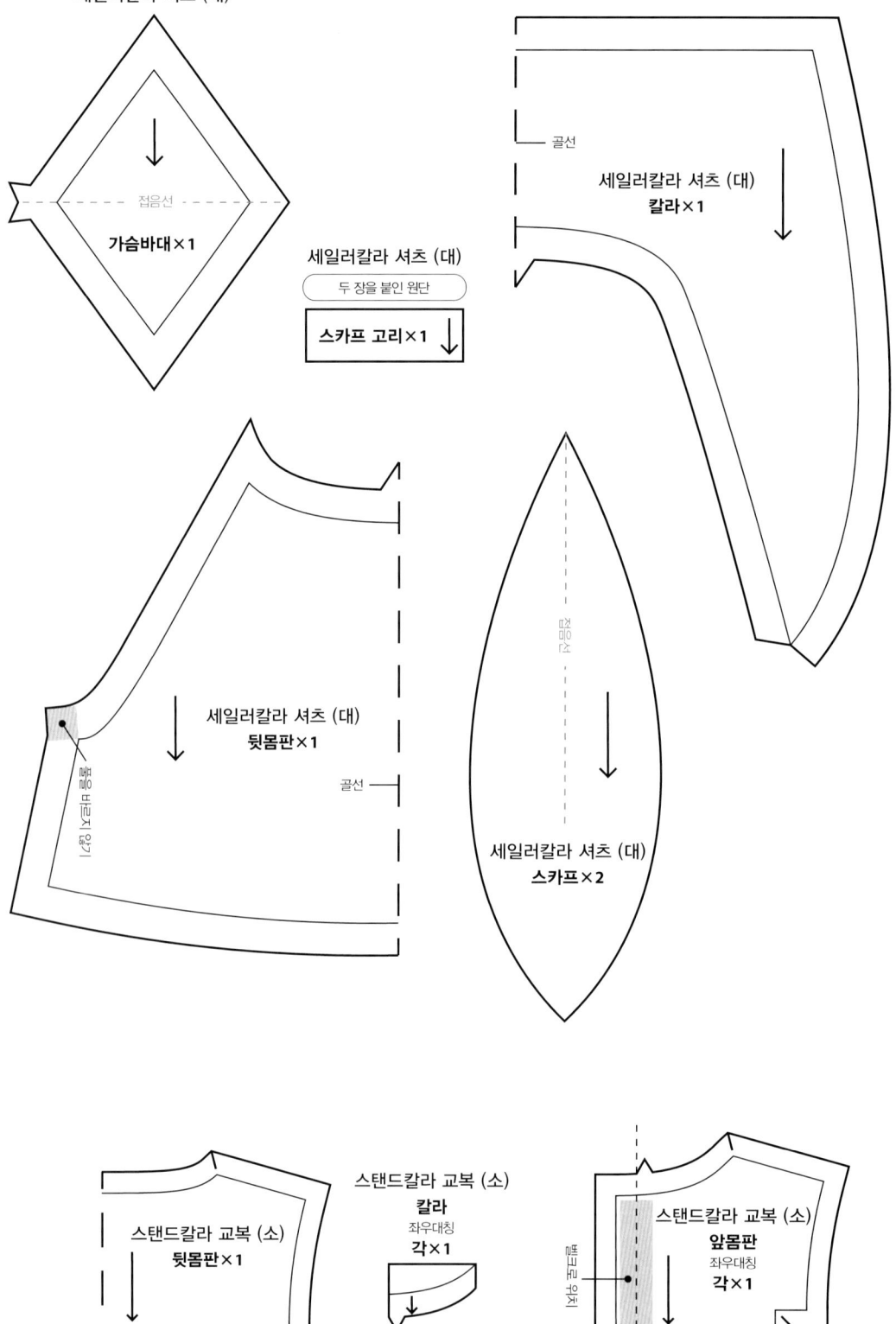

세일러칼라 셔츠 (대)

접음선

가슴바대×1

세일러칼라 셔츠 (대)

두 장을 붙인 원단

스카프 고리×1

골선

세일러칼라 셔츠 (대)
칼라×1

세일러칼라 셔츠 (대)
뒷몸판×1

골선

접음선

세일러칼라 셔츠 (대)
스카프×2

스탠드칼라 교복 (소)
뒷몸판×1

골선

스탠드칼라 교복 (소)
칼라
좌우대칭
각×1

스탠드칼라 교복 (소)
앞몸판
좌우대칭
각×1

앞 중심

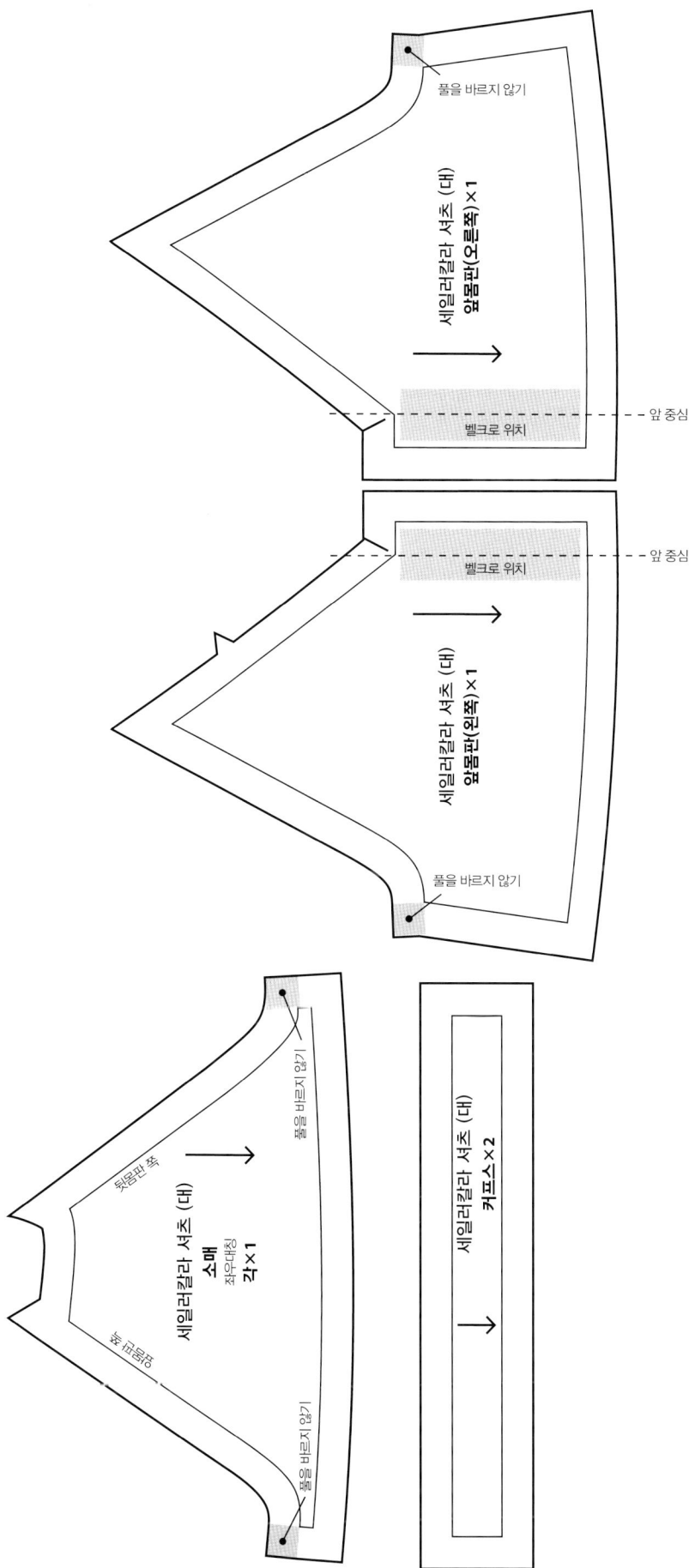

풀을 바르지 않기

세일러칼라 셔츠 (대)
앞몸판(오른쪽)×1

벨크로 위치

앞 중심

앞 중심

벨크로 위치

세일러칼라 셔츠 (대)
앞몸판(왼쪽)×1

풀을 바르지 않기

풀을 바르지 않기

세일러칼라 셔츠 (대)
소매
좌우대칭
각×1

뒷몸판 쪽

앞몸판 쪽

풀을 바르지 않기

세일러칼라 셔츠 (대)
커프스×2

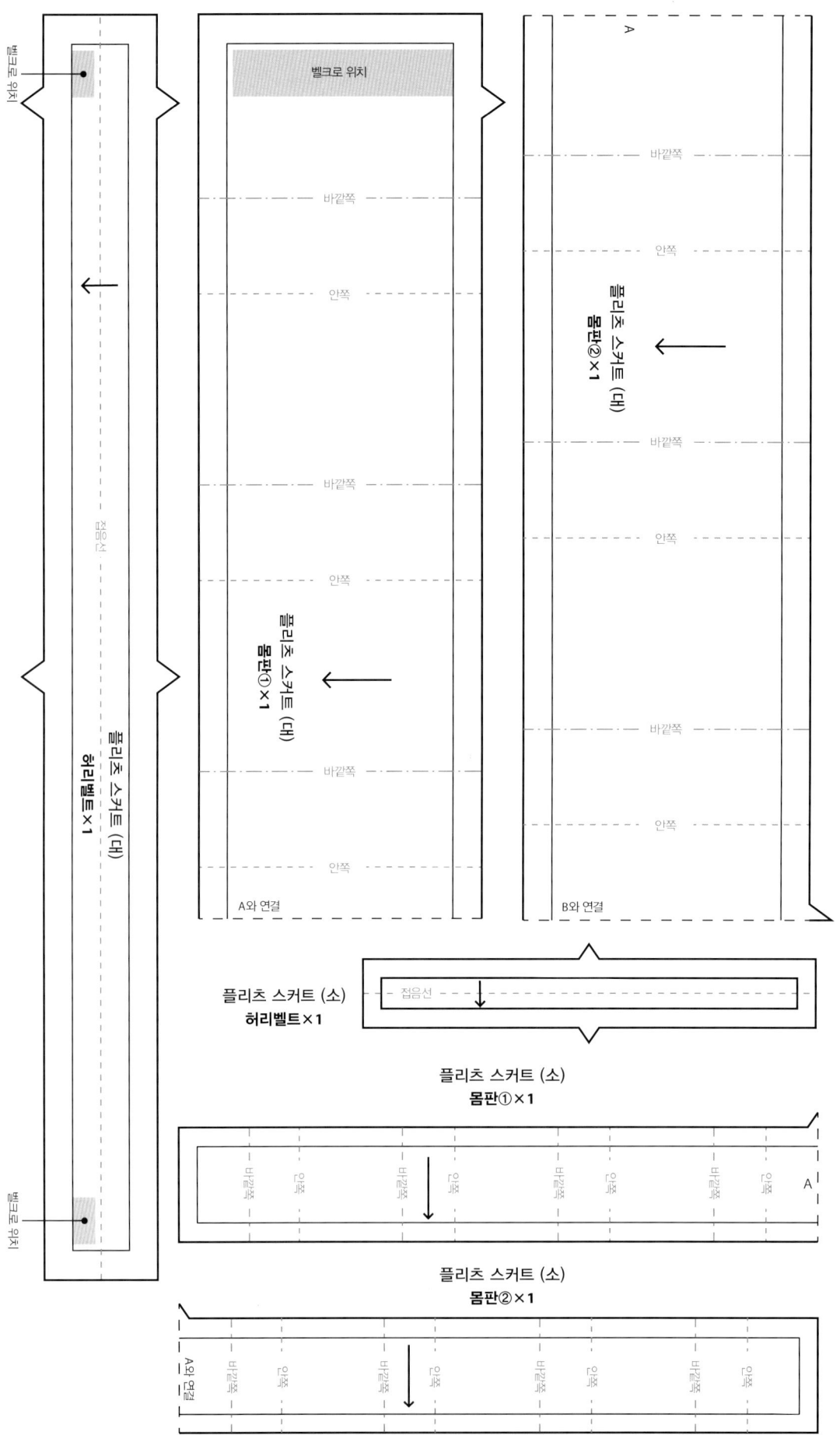

벨크로 위치

벨크로 위치

접음선

플리츠 스커트 (대)
허리벨트 × 1

벨크로 위치

A

바깥쪽

안쪽

플리츠 스커트 (대)
몸판② × 1

바깥쪽

안쪽

바깥쪽

안쪽

바깥쪽

안쪽

B와 연결

벨크로 위치

플리츠 스커트 (대)
몸판① × 1

바깥쪽

안쪽

바깥쪽

안쪽

A와 연결

플리츠 스커트 (소)
허리벨트 × 1

접음선

플리츠 스커트 (소)
몸판① × 1

바깥쪽 안쪽 바깥쪽 안쪽 바깥쪽 안쪽 바깥쪽 안쪽 A

플리츠 스커트 (소)
몸판② × 1

A와 연결 바깥쪽 안쪽 바깥쪽 안쪽 바깥쪽 안쪽 바깥쪽 안쪽

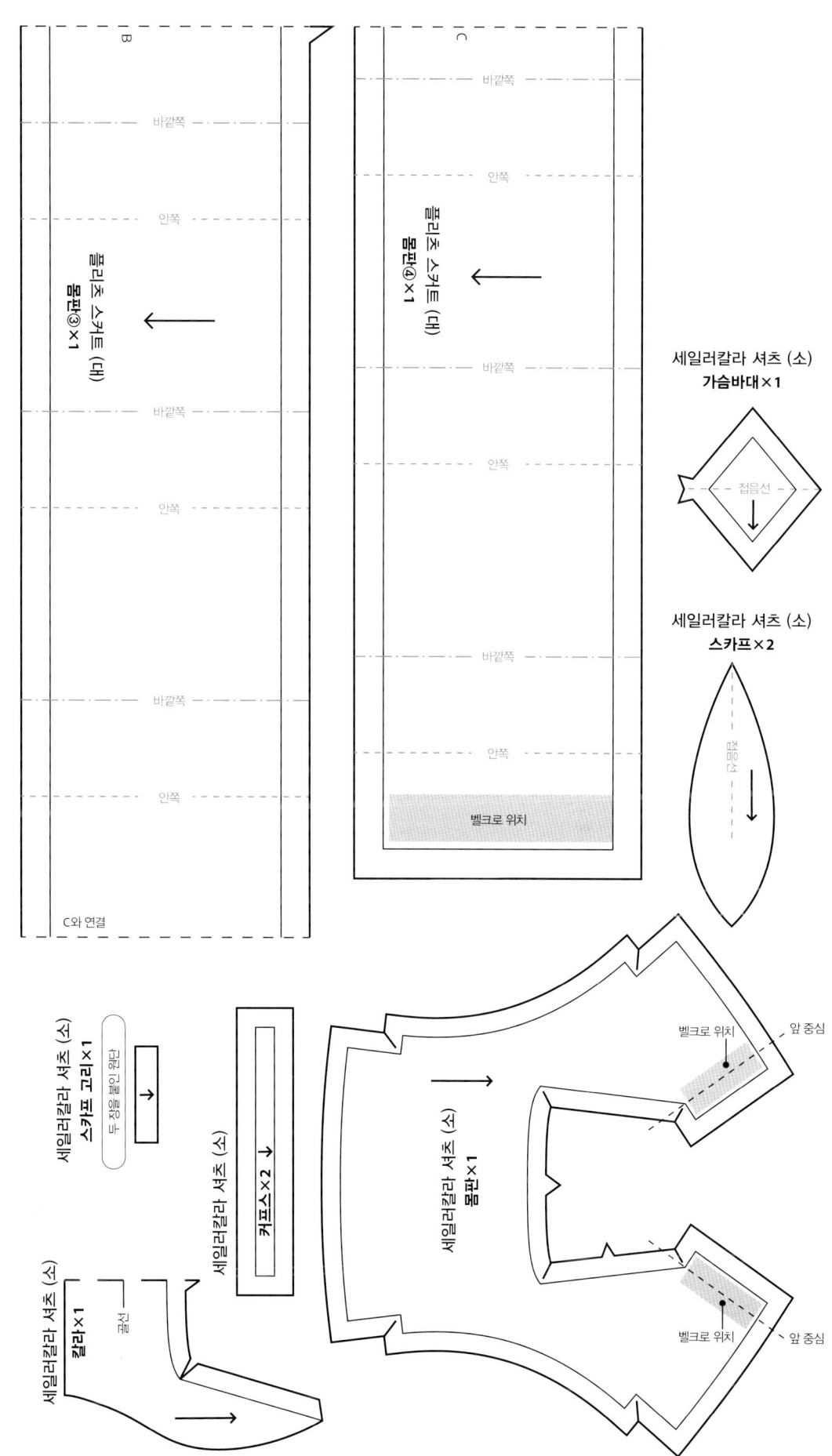

B

바깥쪽

안쪽

플리츠 스커트 (대)
품판③×1

바깥쪽

안쪽

안쪽

바깥쪽

안쪽

C와 연결

C

비깥쪽

안쪽

플리츠 스커트 (대)
품판④×1

바깥쪽

안쪽

바깥쪽

안쪽

벨크로 위치

세일러칼라 셔츠 (소)
가슴바대×1

접음선

세일러칼라 셔츠 (소)
스카프×2

접음선

세일러칼라 셔츠 (소)
스카프 고리×1

세일러칼라 셔츠 (소)
커프스×2

세일러칼라 셔츠 (소)
몸판×1

벨크로 위치

앞 중심

벨크로 위치

앞 중심

세일러칼라 셔츠 (소)
칼라×1

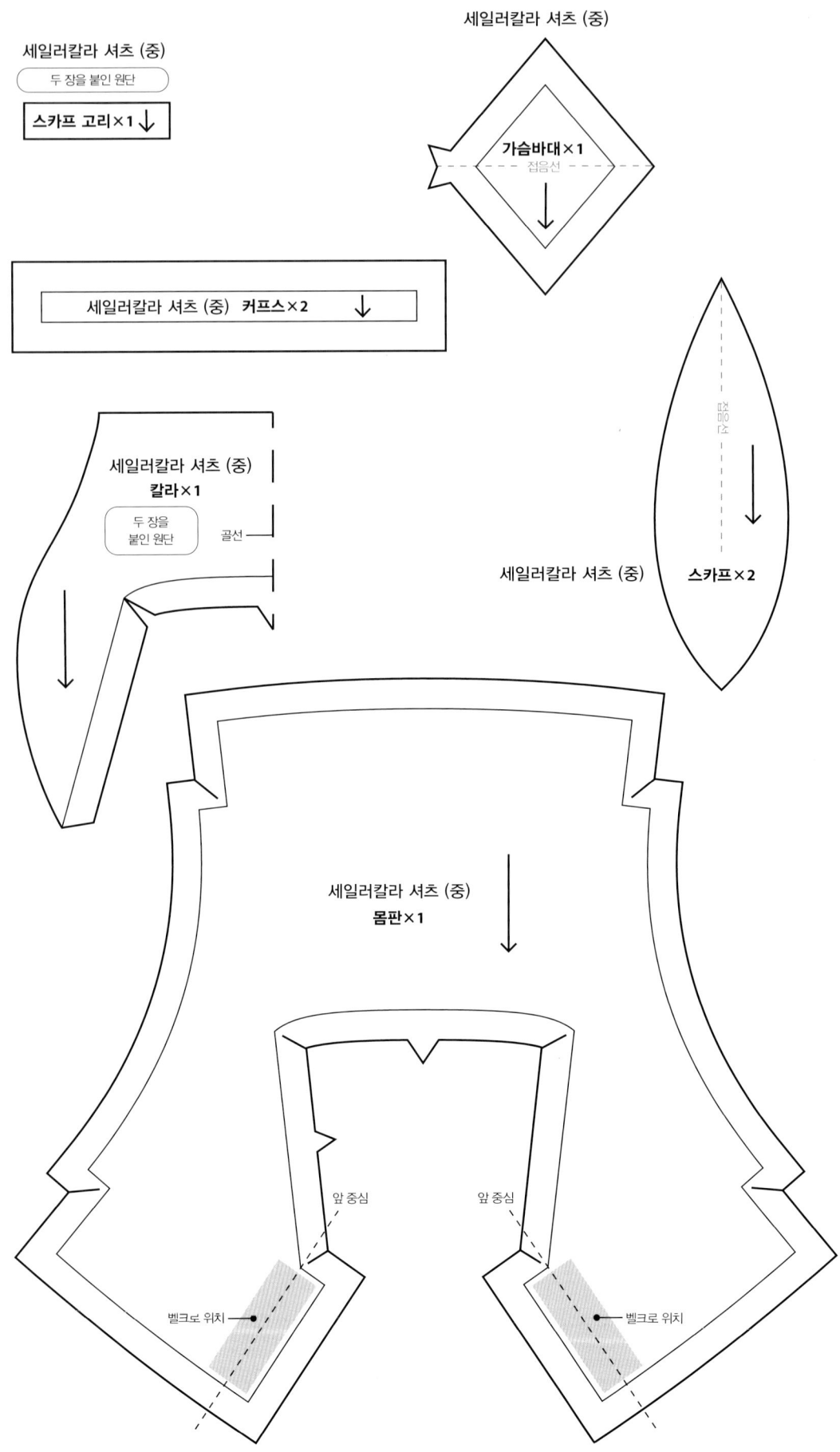

세일러칼라 셔츠 (중)

두 장을 붙인 원단

스카프 고리×1 ↓

세일러칼라 셔츠 (중)

가슴바대×1
접음선

세일러칼라 셔츠 (중) **커프스×2** ↓

세일러칼라 셔츠 (중)
칼라×1

두 장을
붙인 원단

골선

접음선

세일러칼라 셔츠 (중) **스카프×2**

세일러칼라 셔츠 (중)
몸판×1

앞 중심

앞 중심

벨크로 위치 ←

→ 벨크로 위치

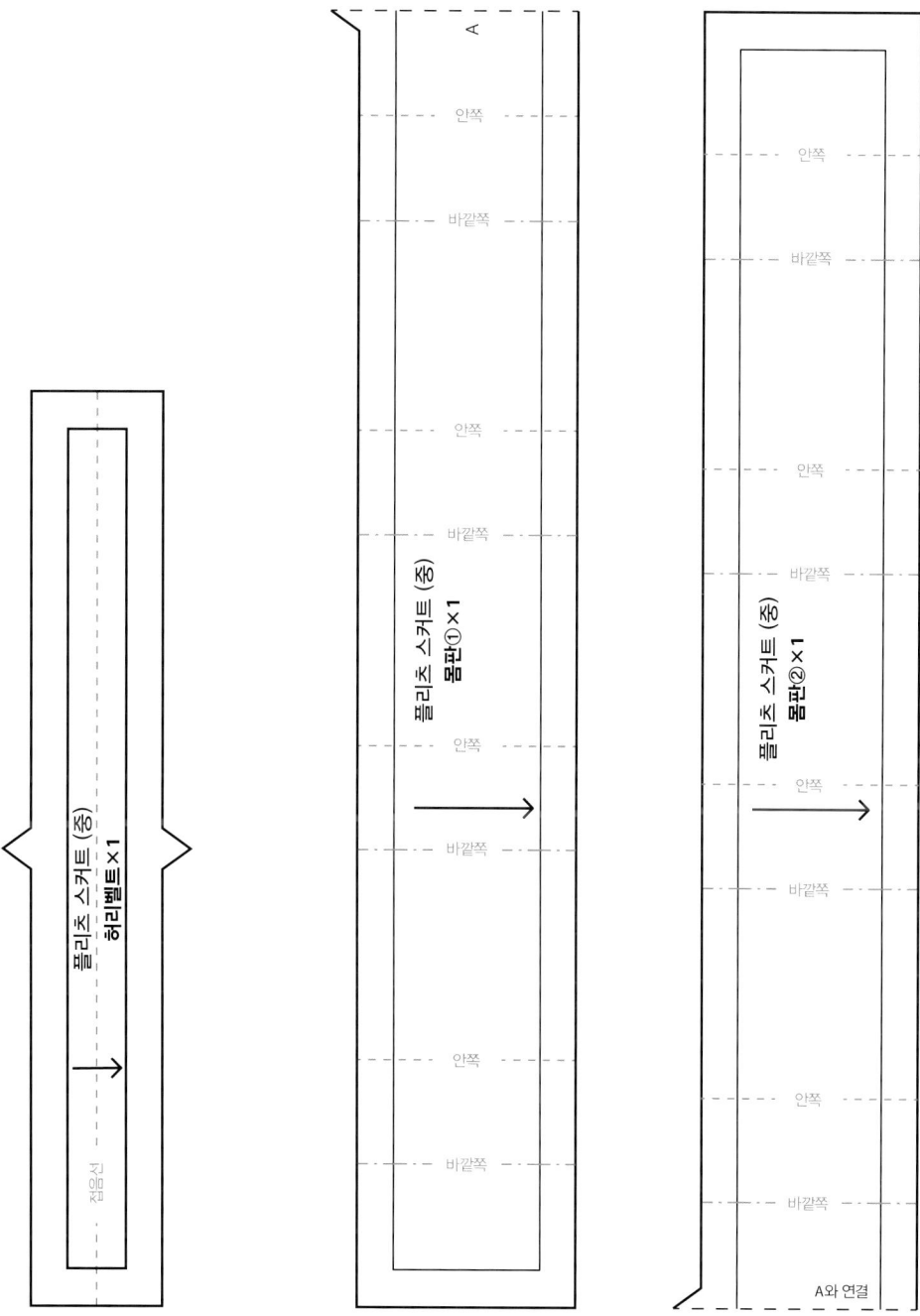

플리츠 스커트 (중)
허리벨트 × 1

플리츠 스커트 (중)
몸판① × 1

플리츠 스커트 (중)
몸판② × 1

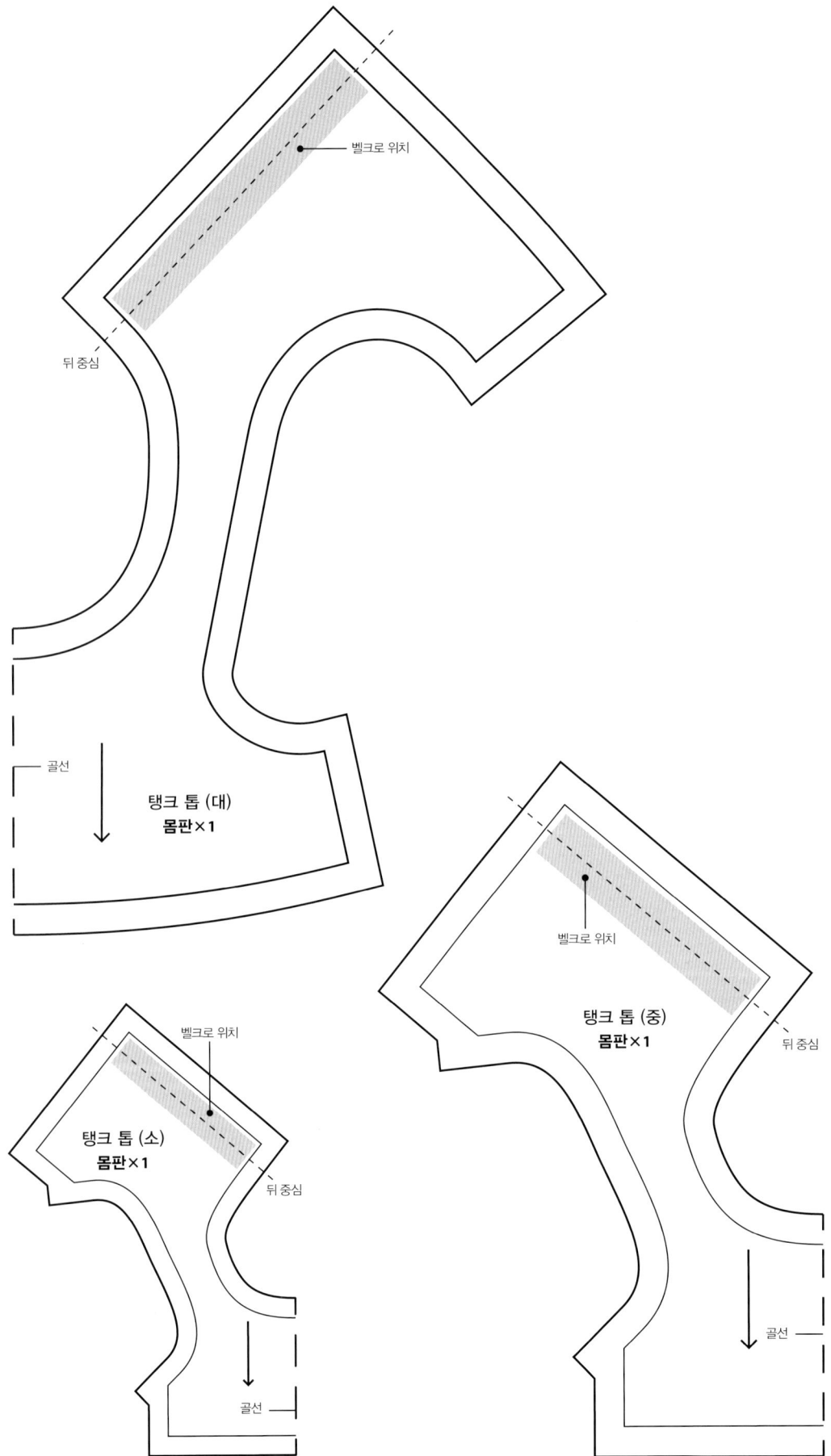

벨크로 위치

뒤 중심

골선

탱크 톱 (대)
몸판×1

벨크로 위치

뒤 중심

탱크 톱 (중)
몸판×1

벨크로 위치

탱크 톱 (소)
몸판×1

뒤 중심

골선

골선

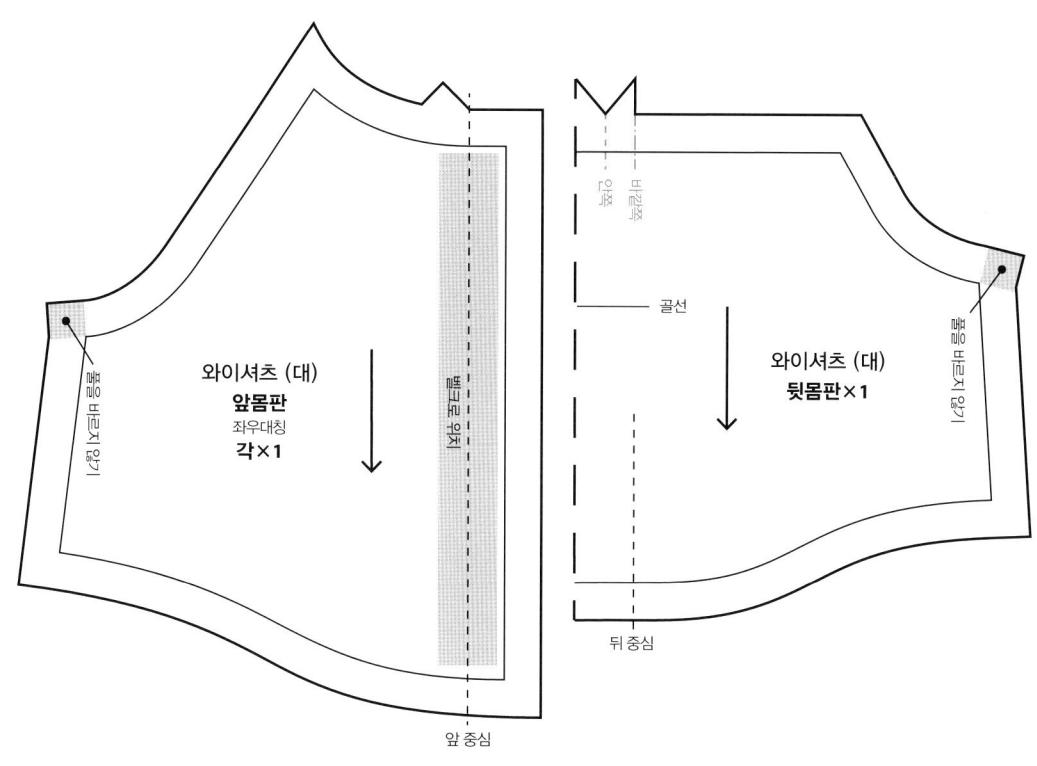

와이셔츠 (대)
앞몸판
좌우대칭
각×1

풀을 바르지 않기

빳빳로 위치

앞 중심

와이셔츠 (대)
뒷몸판×1

안쪽

바깥쪽

골선

풀을 바르지 않기

뒤 중심

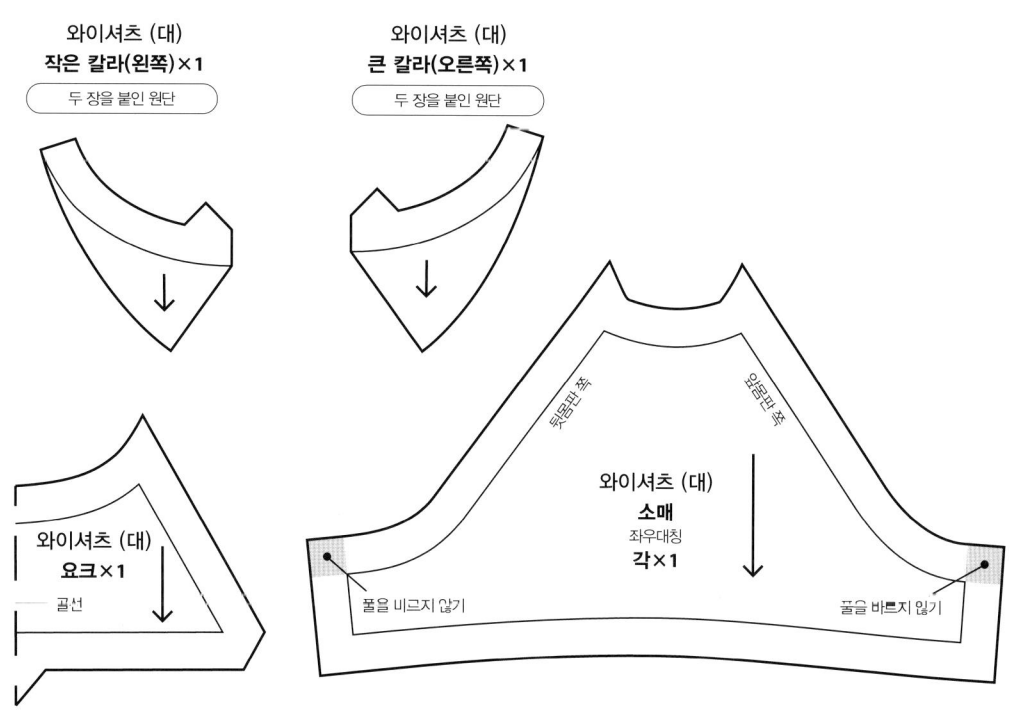

와이셔츠 (대)
작은 칼라(왼쪽)×1

두 장을 붙인 원단

와이셔츠 (대)
큰 칼라(오른쪽)×1

두 장을 붙인 원단

와이셔츠 (대)
요크×1

골선

와이셔츠 (대)
소매
좌우대칭
각×1

뒷몸판 쪽

앞몸판 쪽

풀을 비즈지 않기

풀을 바르지 않기

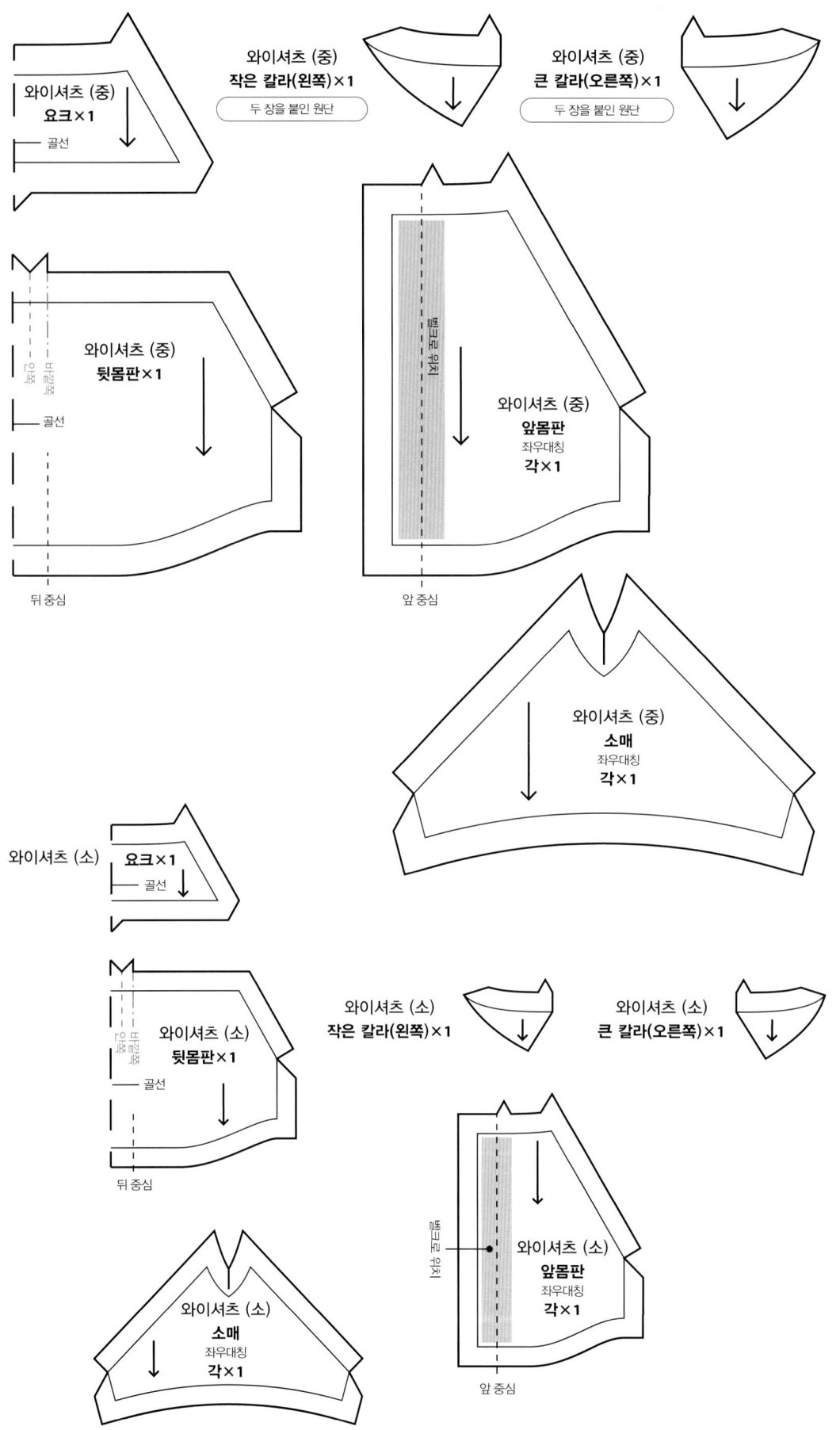

와이셔츠 (중)
요크×1
골선

와이셔츠 (중)
작은 칼라(왼쪽)×1
두 장을 붙인 원단

와이셔츠 (중)
큰 칼라(오른쪽)×1
두 장을 붙인 원단

와이셔츠 (중)
뒷몸판×1
바깥쪽
안쪽
골선
뒤 중심

빨크로 위치
와이셔츠 (중)
앞몸판
좌우대칭
각×1
앞 중심

와이셔츠 (중)
소매
좌우대칭
각×1

와이셔츠 (소)　**요크**×1
골선

와이셔츠 (소)
뒷몸판×1
바깥쪽
안쪽
골선
뒤 중심

와이셔츠 (소)
작은 칼라(왼쪽)×1

와이셔츠 (소)
큰 칼라(오른쪽)×1

와이셔츠 (소)
소매
좌우대칭
각×1

빨크로 위치
와이셔츠 (소)
앞몸판
좌우대칭
각×1
앞 중심

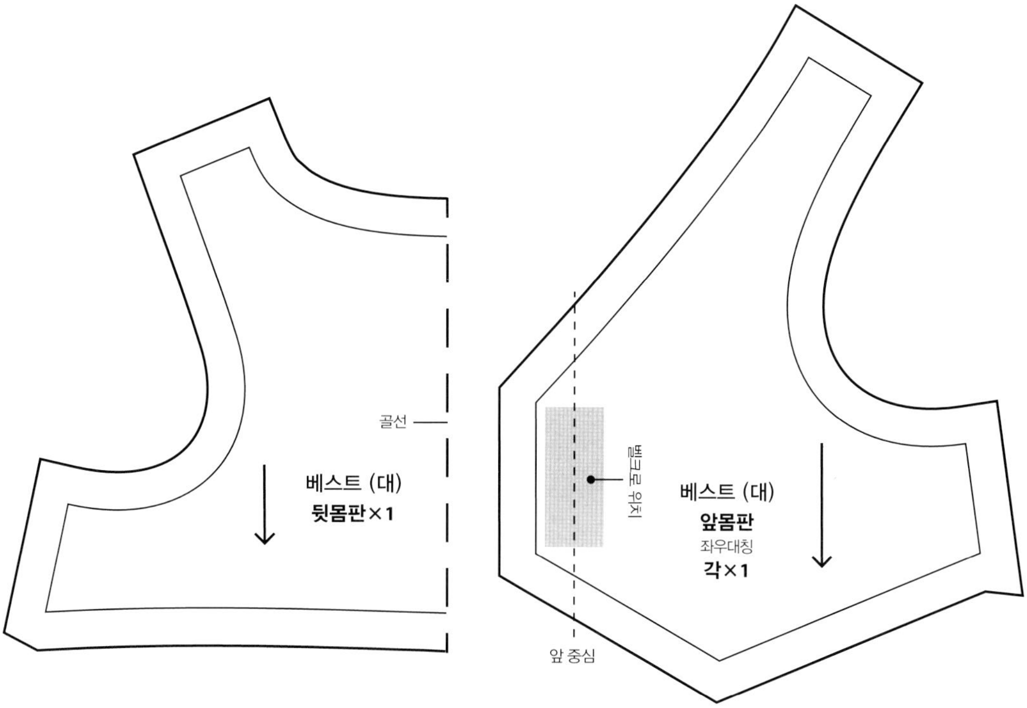

골선

베스트 (대)
뒷몸판×1

뻥크로 위치

베스트 (대)
앞몸판
좌우대칭
각×1

앞 중심

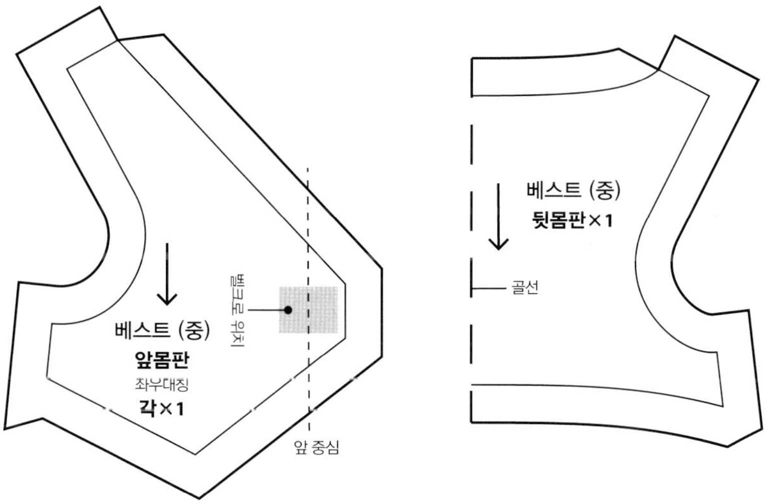

베스트 (중)
앞몸판
좌우대칭
각×1

뻥크로 위치

앞 중심

베스트 (중)
뒷몸판×1

골선

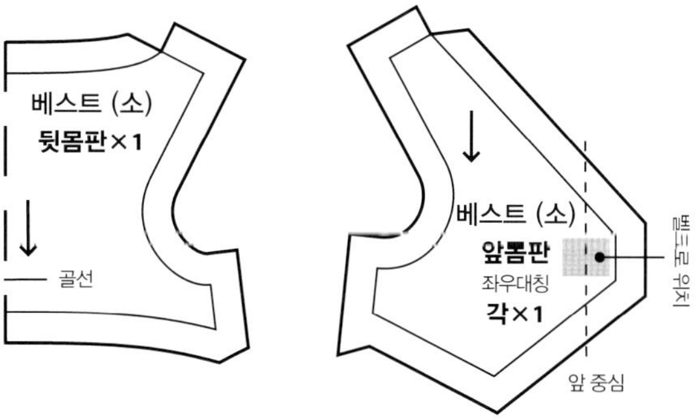

베스트 (소)
뒷몸판×1

골선

베스트 (소)
앞몸판
좌우대칭
각×1

뻥크로 위치

앞 중심

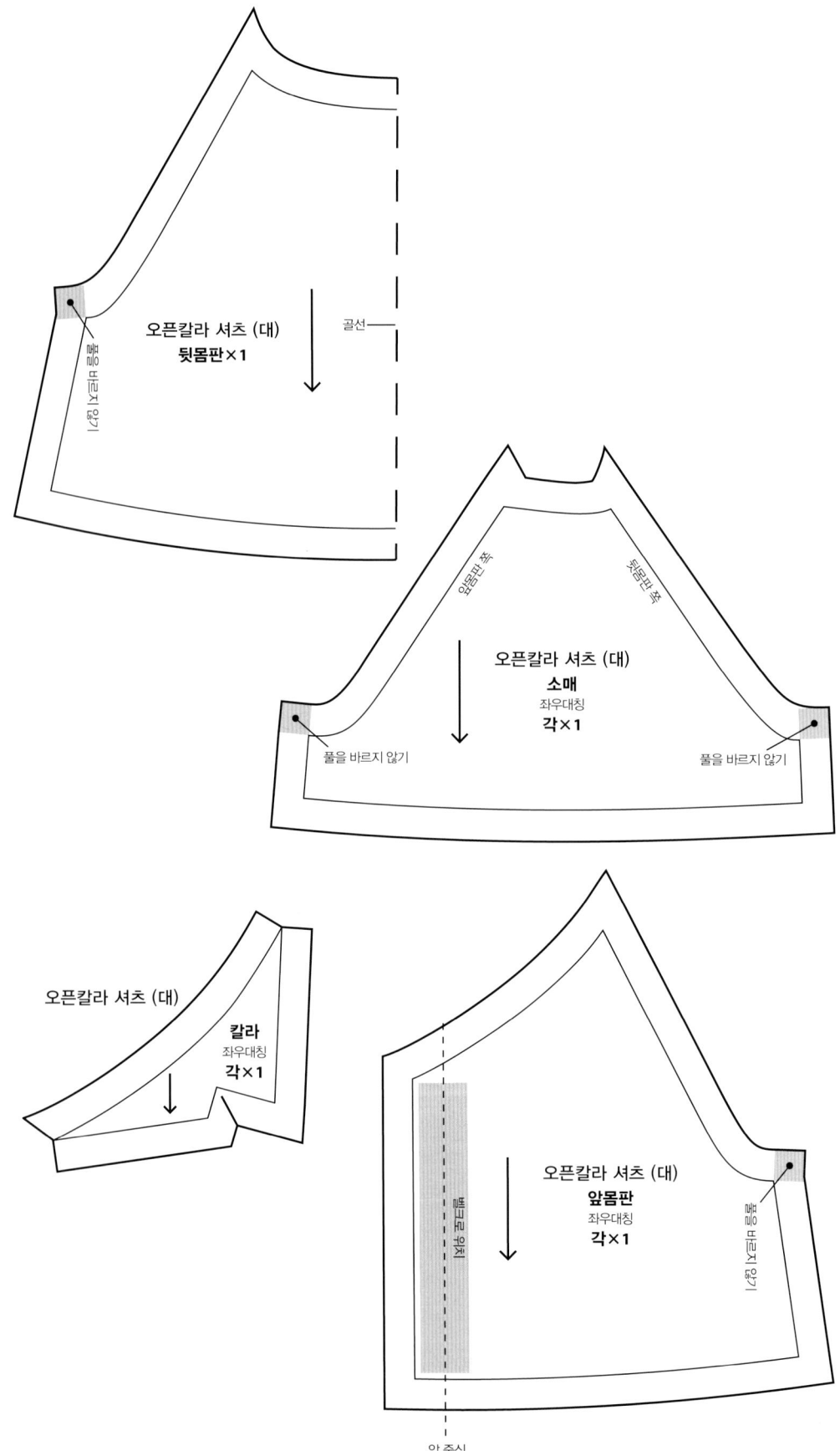

오픈칼라 셔츠 (대)
뒷몸판×1

풀을 바르지 않기

골선

오픈칼라 셔츠 (대)
소매
좌우대칭
각×1

앞몸판 쪽

뒷몸판 쪽

풀을 바르지 않기

풀을 바르지 않기

오픈칼라 셔츠 (대)

칼라
좌우대칭
각×1

오픈칼라 셔츠 (대)
앞몸판
좌우대칭
각×1

단춧구멍 위치

풀을 바르지 않기

앞 중심

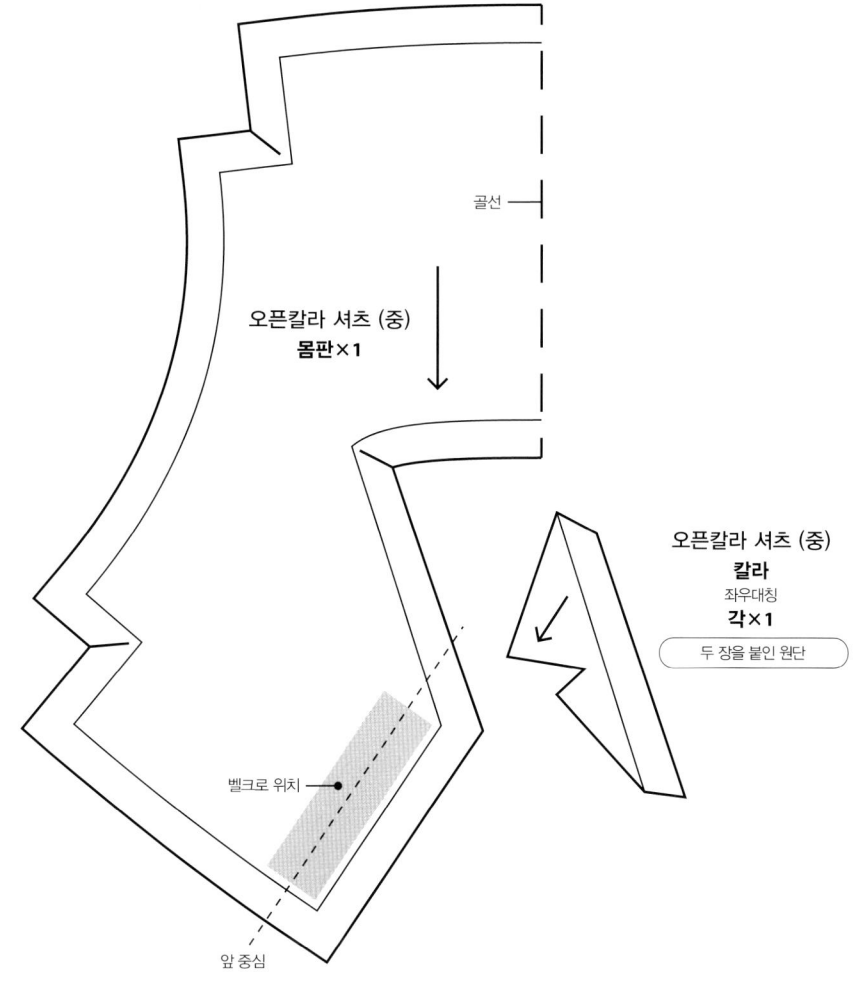

골선

오픈칼라 셔츠 (중)
몸판×1

오픈칼라 셔츠 (중)
칼라
좌우대칭
각×1

두 장을 붙인 원단

벨크로 위치

앞 중심

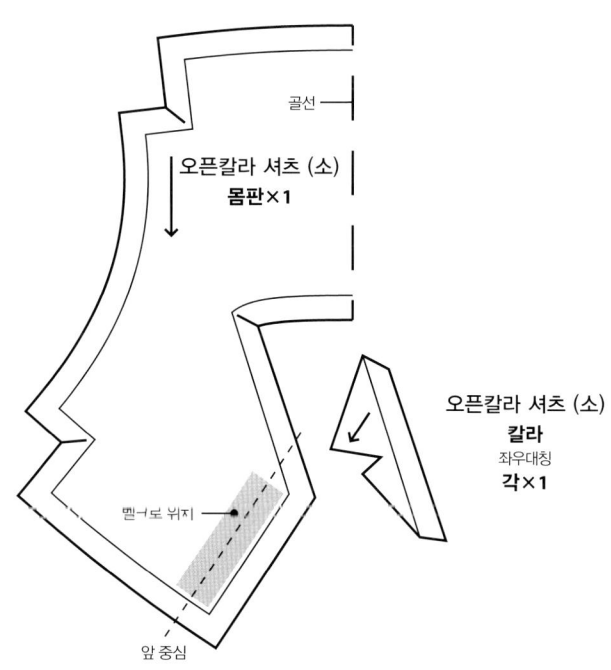

골선

오픈칼라 셔츠 (소)
몸판×1

오픈칼라 셔츠 (소)
칼라
좌우대칭
각×1

벨크로 위치

앞 중심

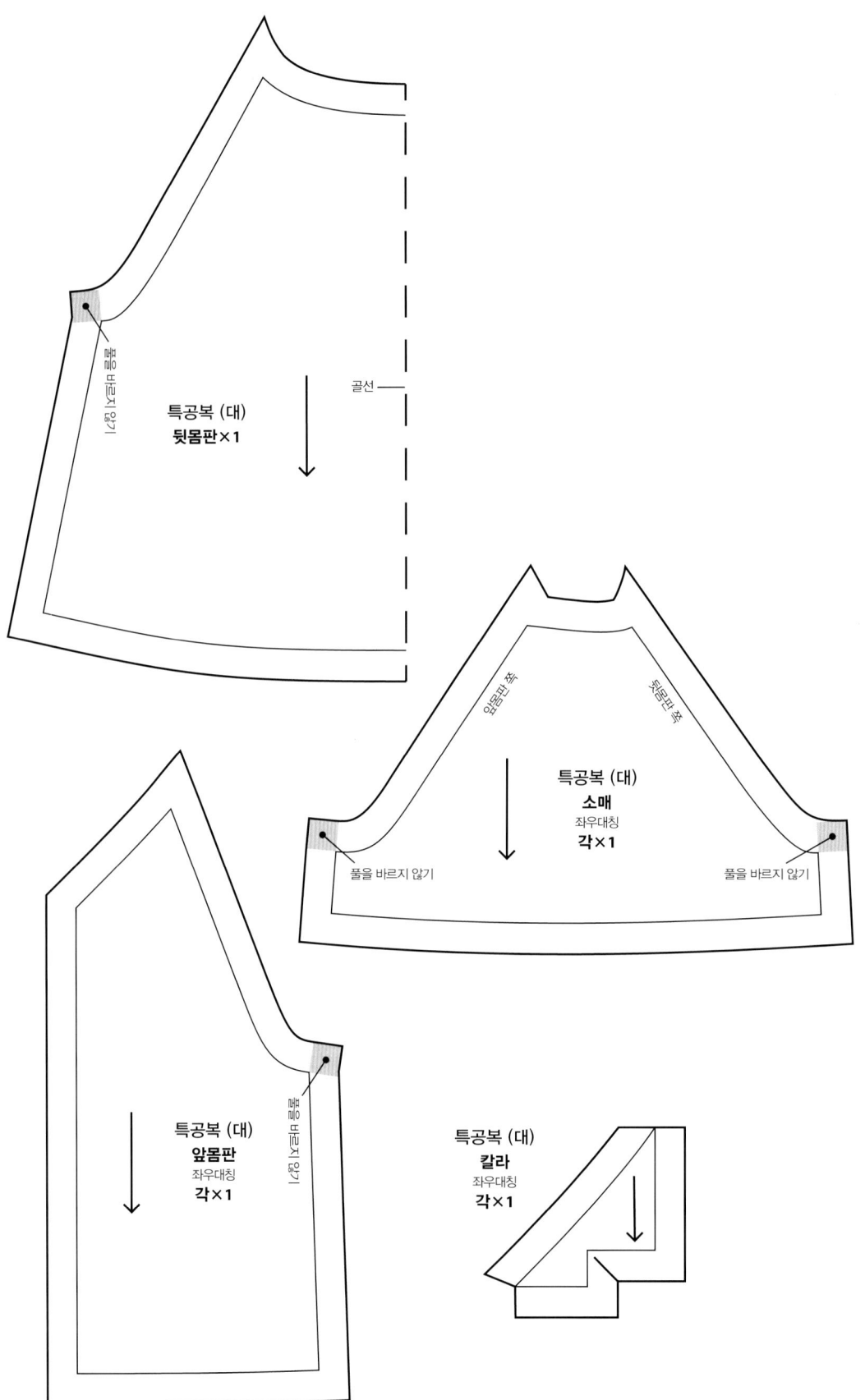

풀을 바르지 않기

특공복 (대)
뒷몸판×1

골선

특공복 (대)
소매
좌우대칭
각×1

앞몸판 쪽

뒷몸판 쪽

풀을 바르지 않기

풀을 바르지 않기

특공복 (대)
앞몸판
좌우대칭
각×1

풀을 바르지 않기

특공복 (대)
칼라
좌우대칭
각×1

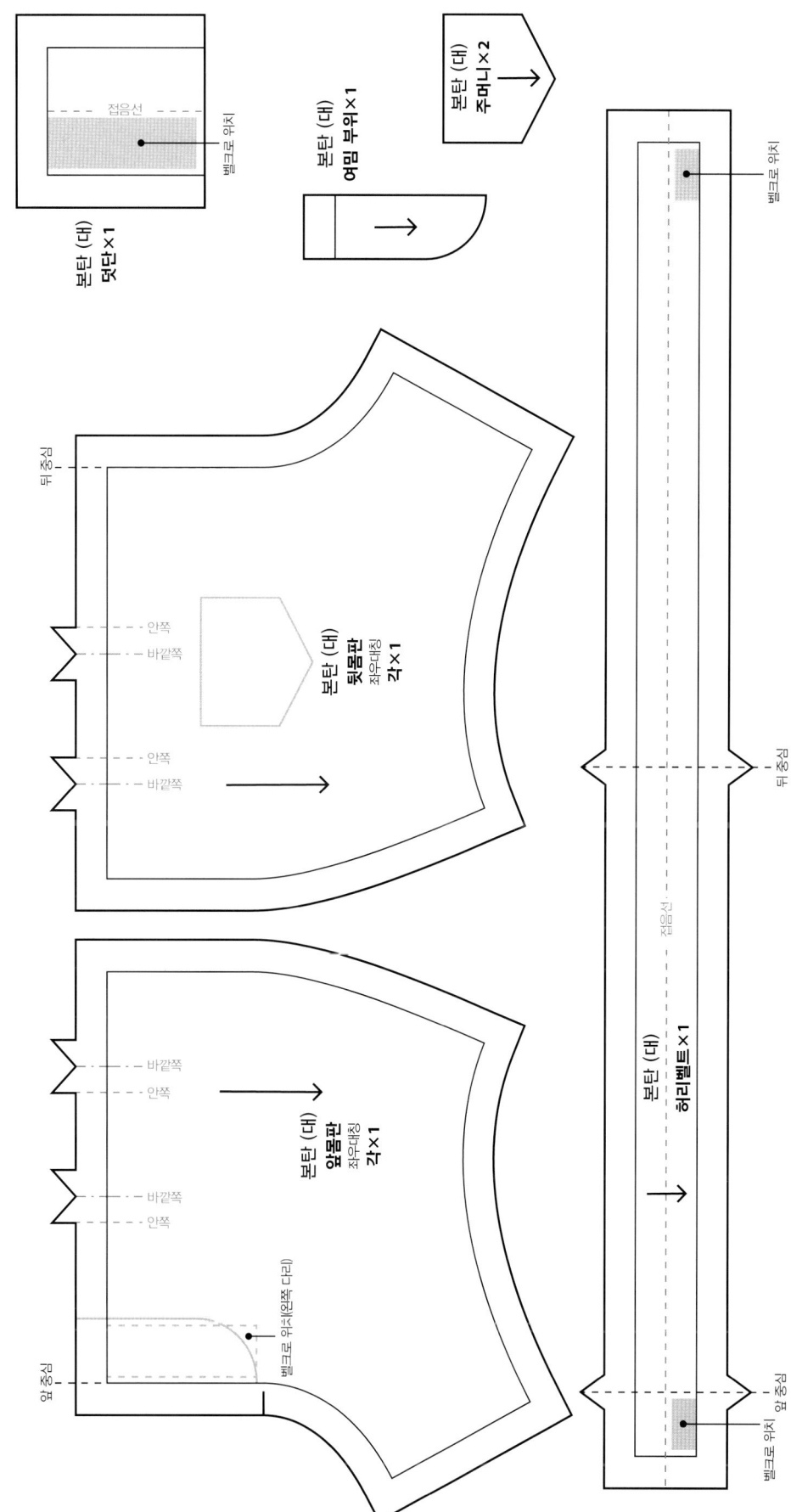

본탄 (대)
덧단×1

본탄 (대)
여밈 부위×1

본탄 (대)
주머니×2

본탄 (대)
뒷몸판
좌우대칭
각×1

본탄 (대)
앞몸판
좌우대칭
각×1

본탄 (대)
허리벨트×1

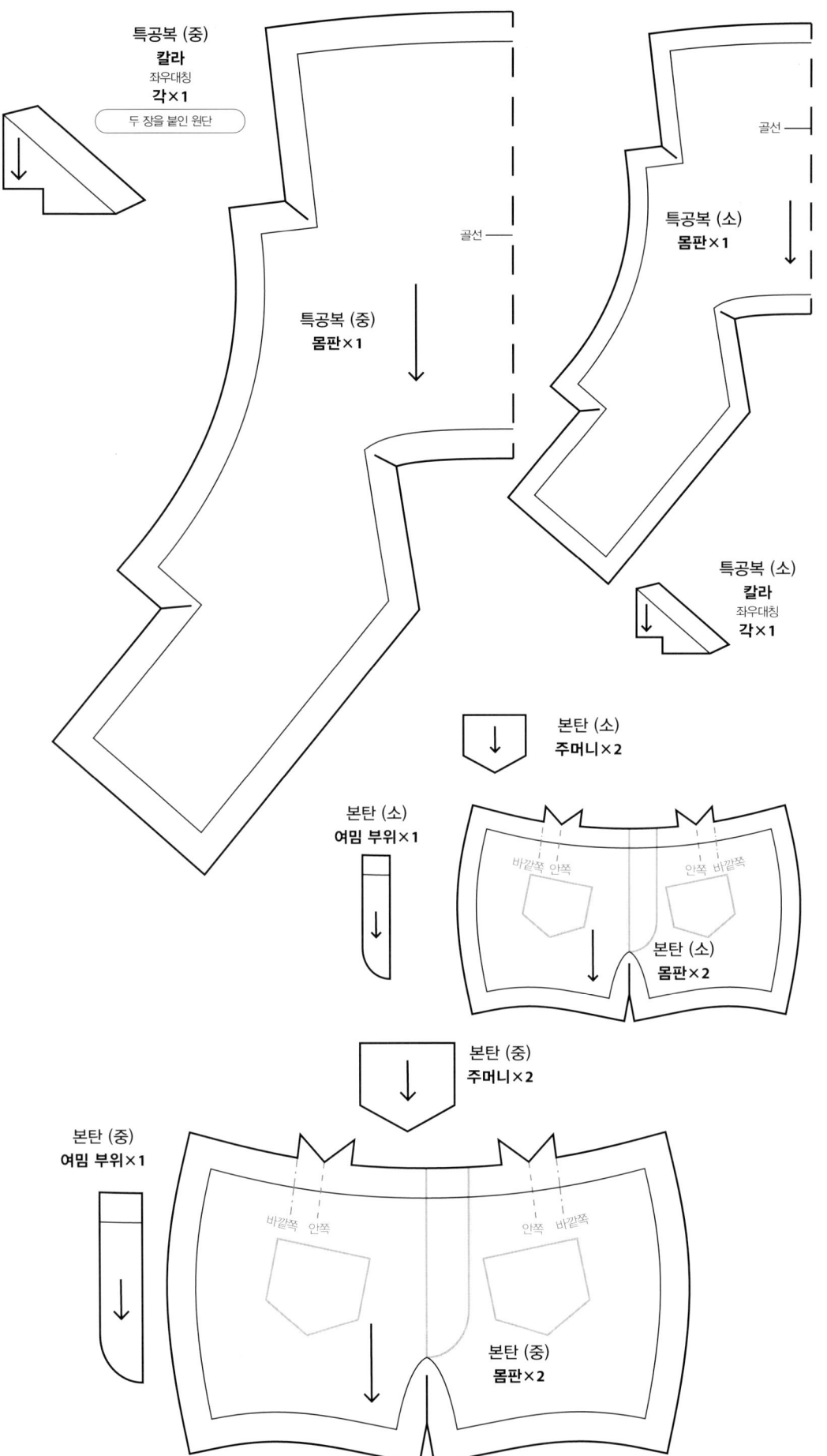

특공복 (중)
칼라
좌우대칭
각×1
두 장을 붙인 원단

특공복 (중)
몸판×1

골선

골선

특공복 (소)
몸판×1

특공복 (소)
칼라
좌우대칭
각×1

본탄 (소)
주머니×2

본탄 (소)
여밈 부위×1

바깥쪽 안쪽   안쪽 바깥쪽

본탄 (소)
몸판×2

본탄 (중)
주머니×2

본탄 (중)
여밈 부위×1

바깥쪽 안쪽   안쪽 바깥쪽

본탄 (중)
몸판×2

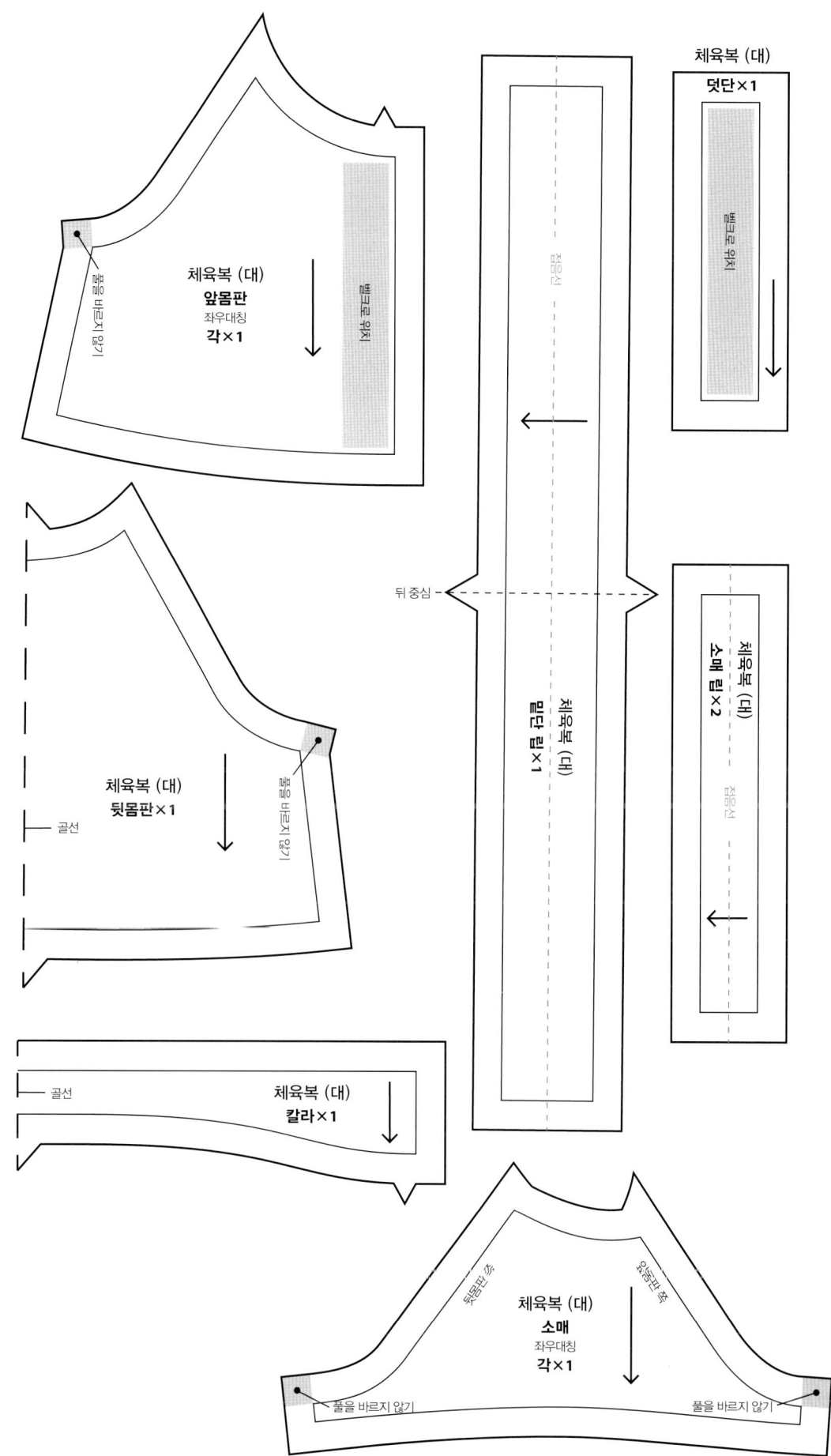

체육복 (대)
덧단×1
빼크로 위치

체육복 (대)
앞몸판
좌우대칭
각×1
빼크로 위치
풀을 바르지 않기

접음선

뒤중심

체육복 (대)
밑단 끈×1

체육복 (대)
소매 끈×2
접음선

체육복 (대)
뒷몸판×1
골선
풀을 바르지 않기

체육복 (대)
칼라×1
골선

체육복 (대)
소매
좌우대칭
각×1
뒷몸판 쪽
앞몸판 쪽
풀을 바르지 않기
풀을 바르지 않기

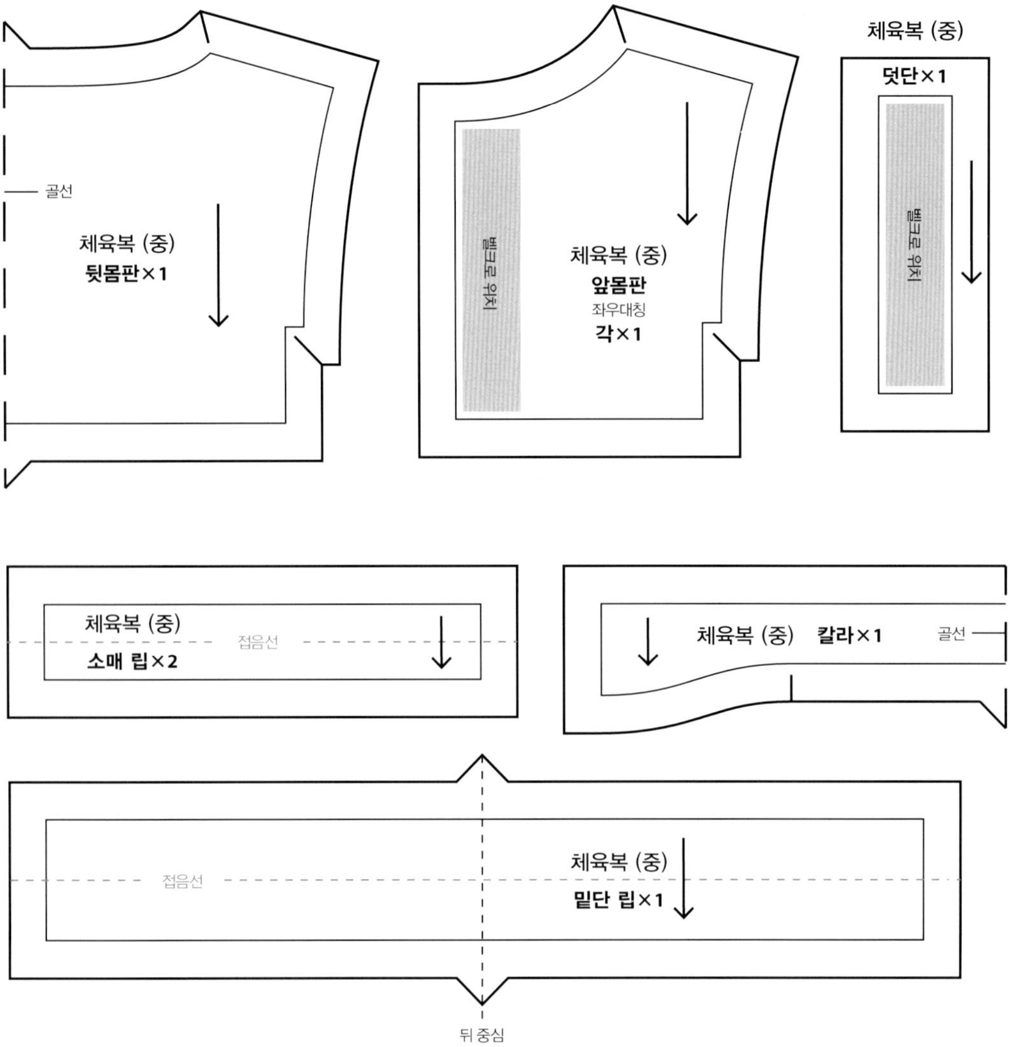

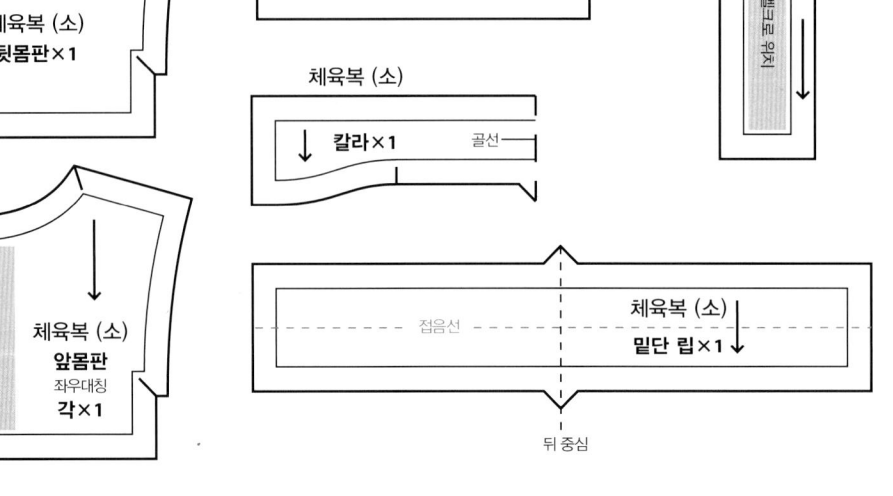

골선

체육복 (중)
뒷몸판×1

체육복 (중)
앞몸판
좌우대칭
각×1

뻥크로 위치

체육복 (중)
덧단×1

뻥크로 위치

체육복 (중)
소매 립×2
접음선

체육복 (중) 칼라×1
골선

체육복 (중)
밑단 립×1
접음선
뒤 중심

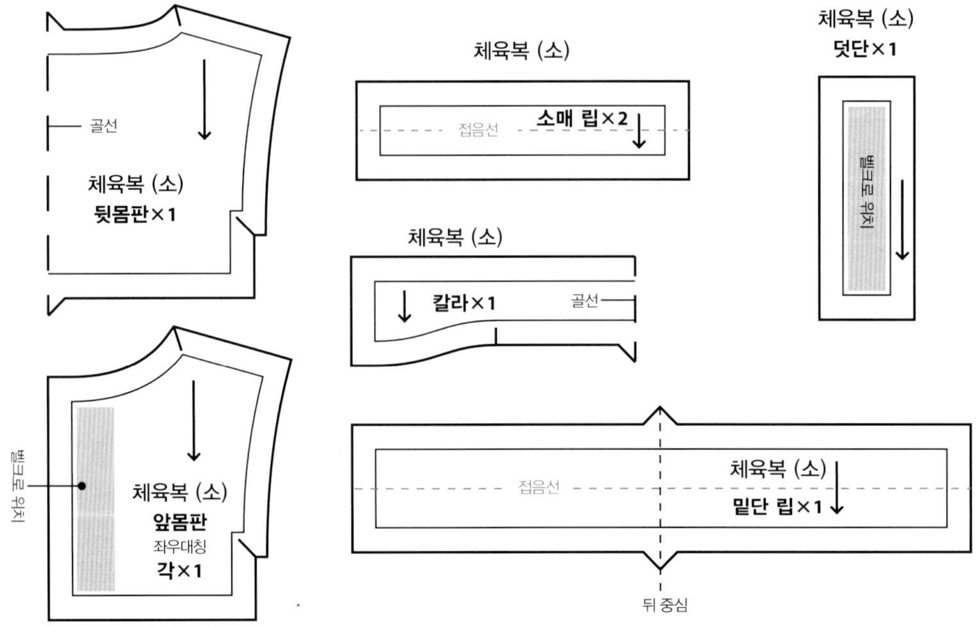

골선

체육복 (소)
뒷몸판×1

체육복 (소)
소매 립×2
접음선

체육복 (소)
덧단×1
뻥크로 위치

체육복 (소)
칼라×1
골선

뻥크로 위치

체육복 (소)
앞몸판
좌우대칭
각×1

체육복 (소)
밑단 립×1
접음선
뒤 중심

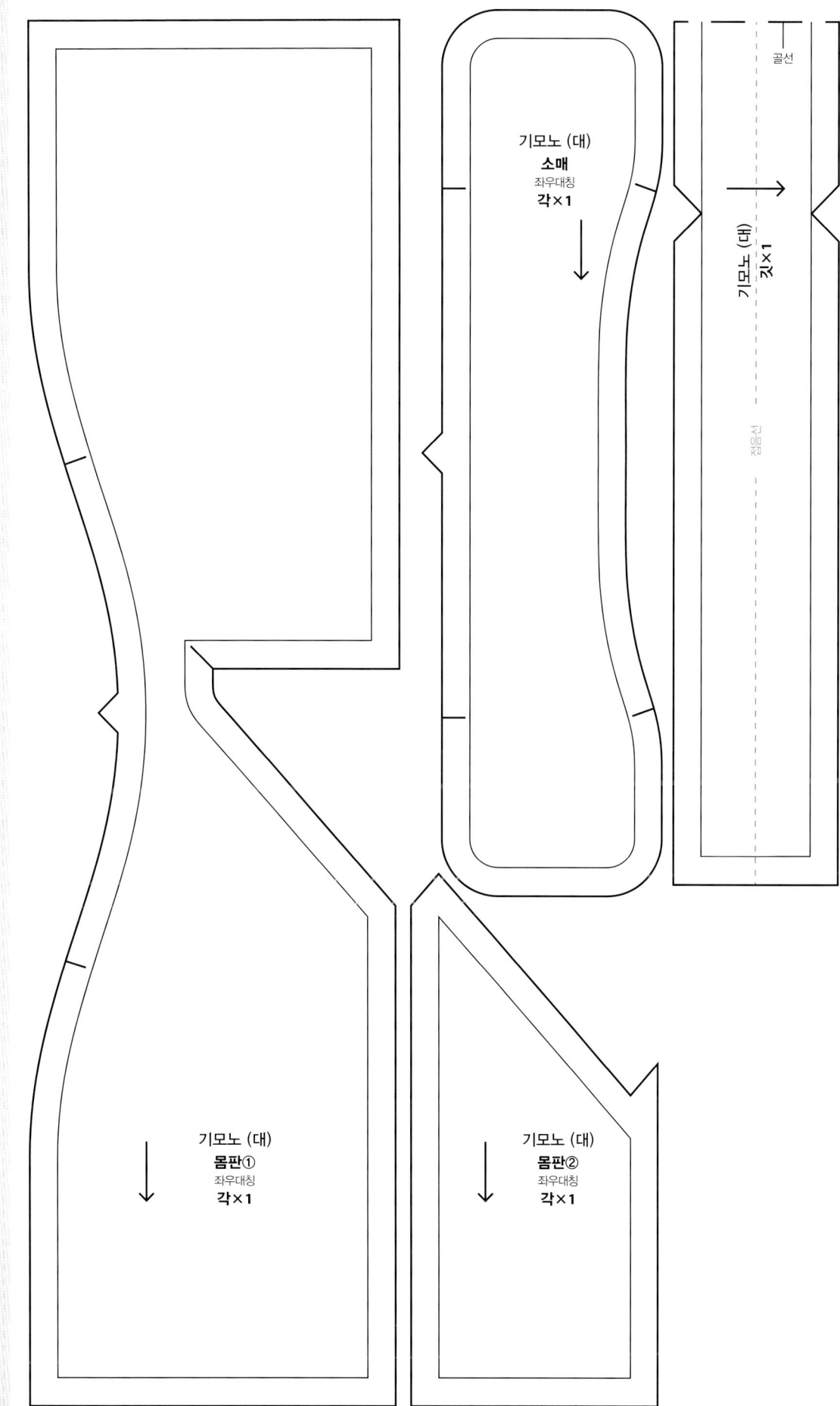

기모노 (대)
소매
좌우대칭
각×1

기모노 (대)
몸판①
좌우대칭
각×1

기모노 (대)
몸판②
좌우대칭
각×1

기모노 (대)
깃×1

골선

접음선

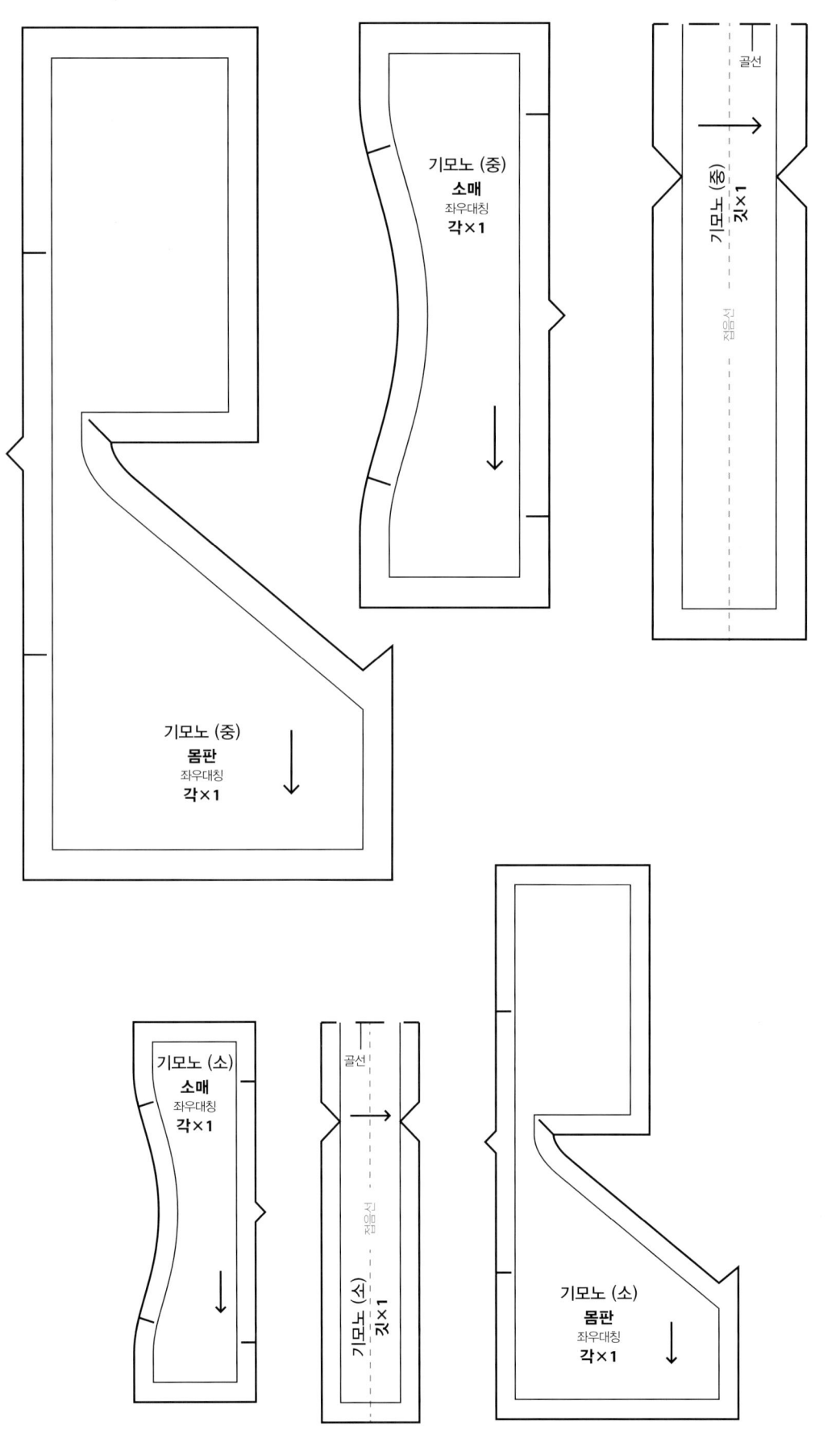

기모노 (중)
소매
좌우대칭
각×1

골선

기모노 (중)
깃×1

접음선

기모노 (중)
몸판
좌우대칭
각×1

기모노 (소)
소매
좌우대칭
각×1

골선

기모노 (소)
깃×1

접음선

기모노 (소)
몸판
좌우대칭
각×1

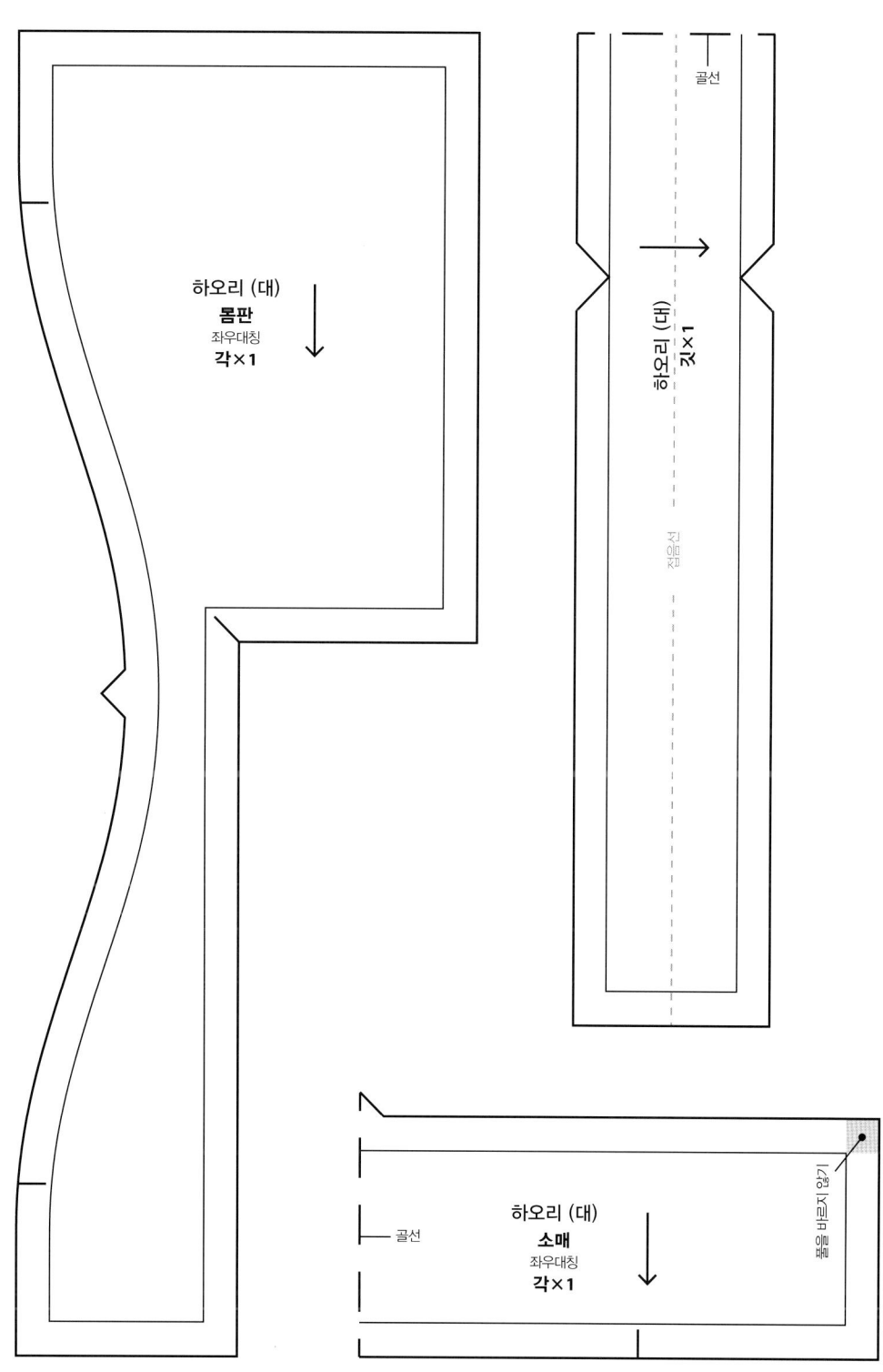

하오리 (대)
몸판
좌우대칭
각×1

하오리 (대) 깃×1

골선

골선

하오리 (대)
소매
좌우대칭
각×1

골선

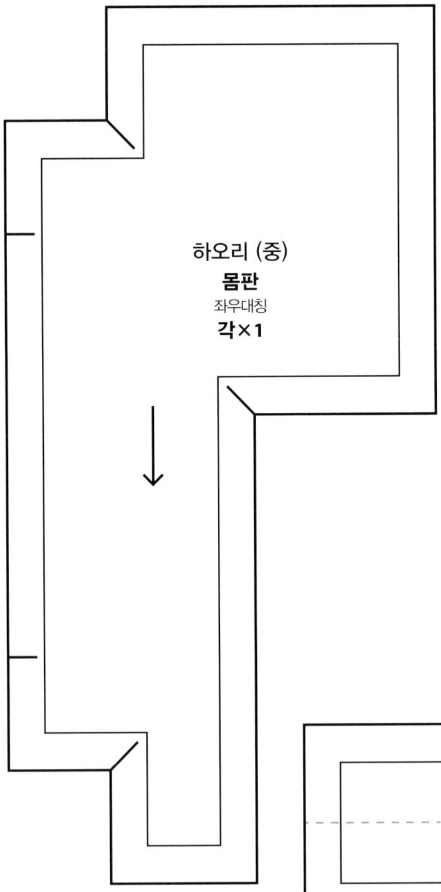

하오리 (중)
몸판
좌우대칭
각×1

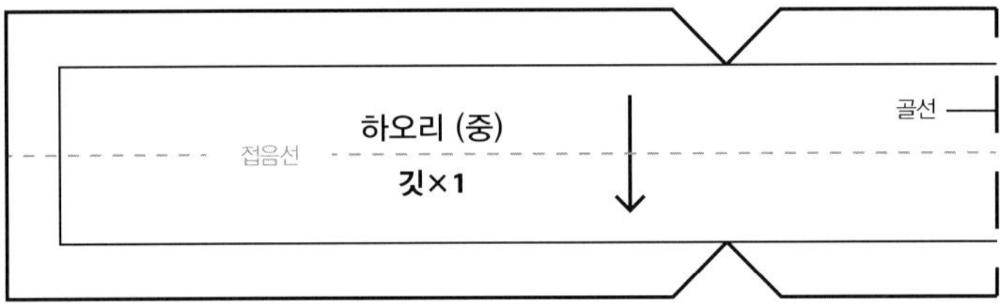

하오리 (중)
접음선
깃×1
골선

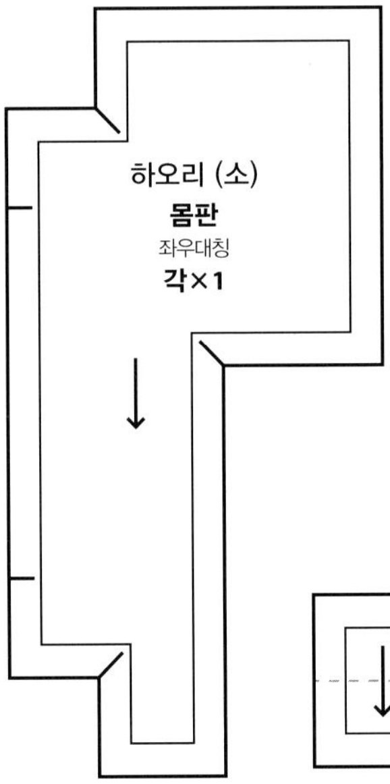

하오리 (소)
몸판
좌우대칭
각×1

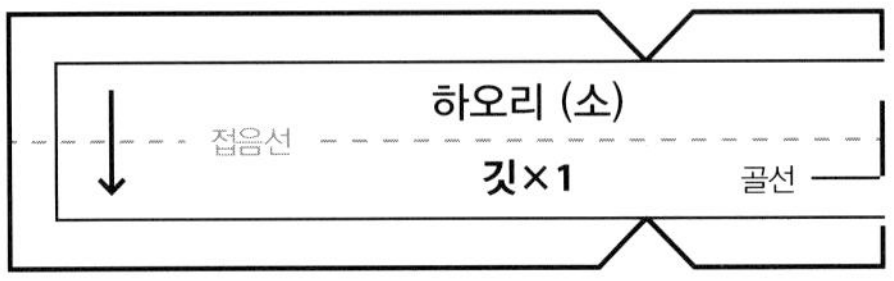

하오리 (소)
접음선
깃×1
골선

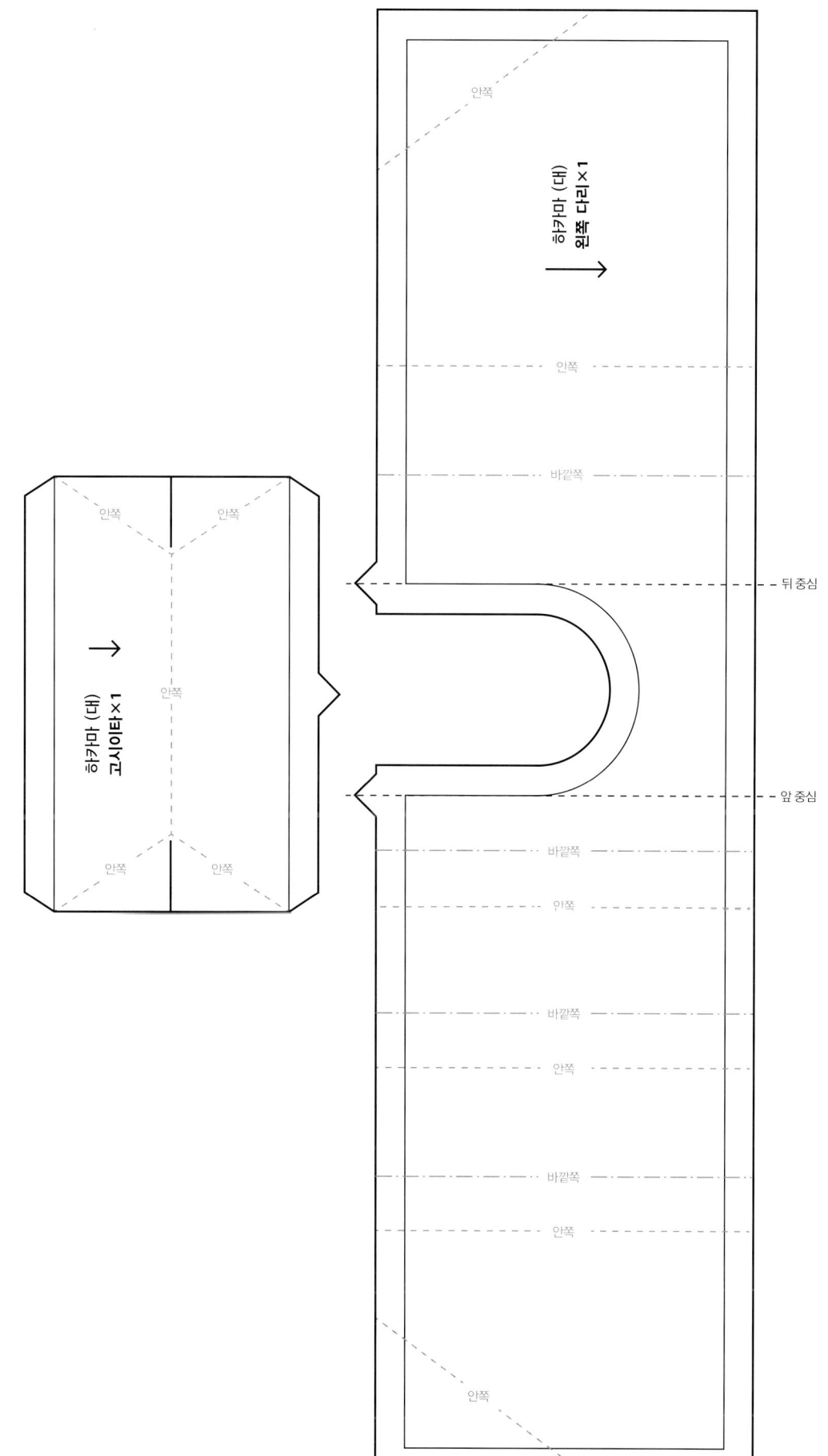

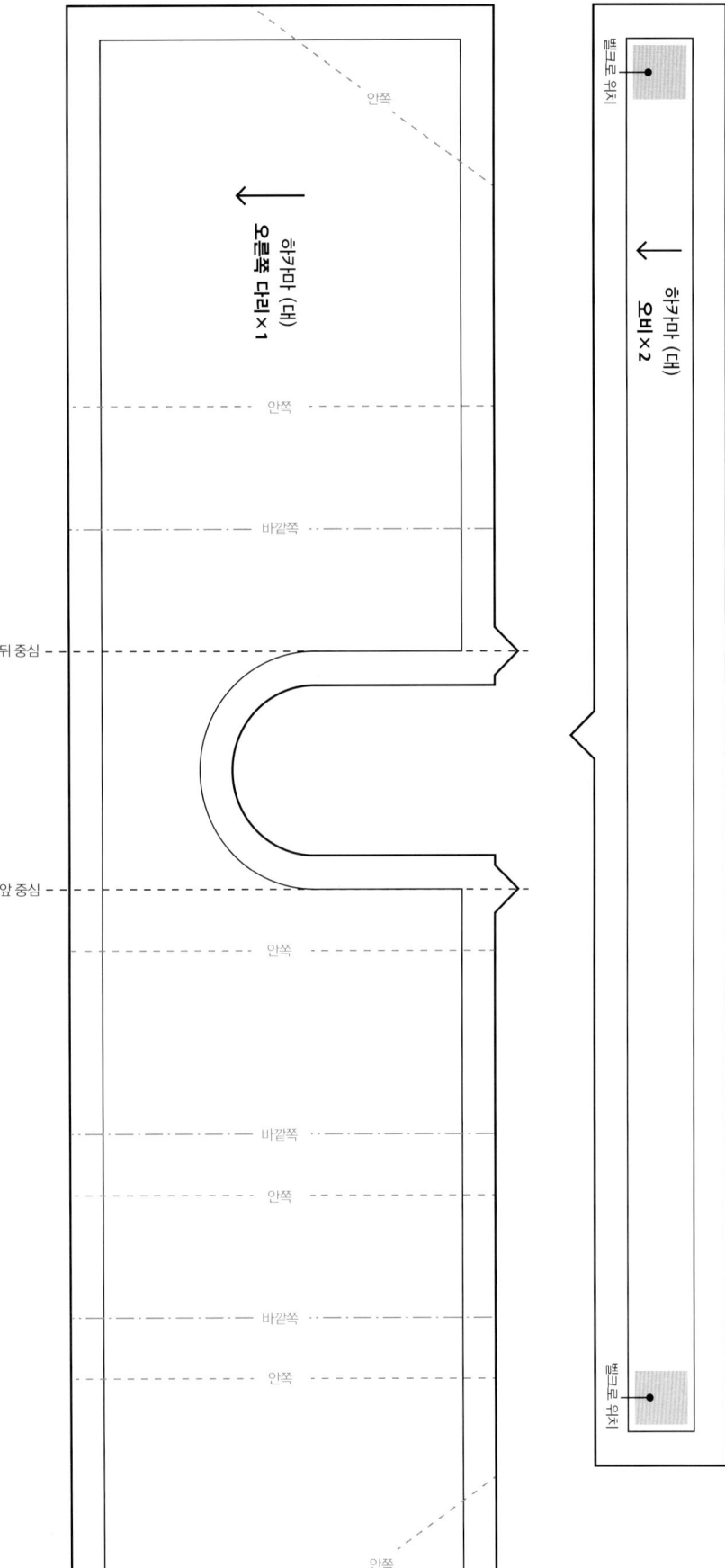

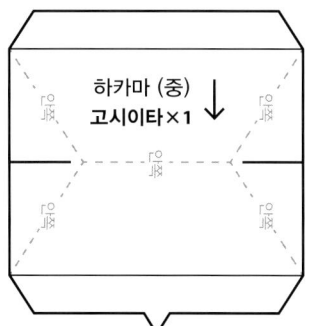

하카마 (중)
고시이타×1 ↓

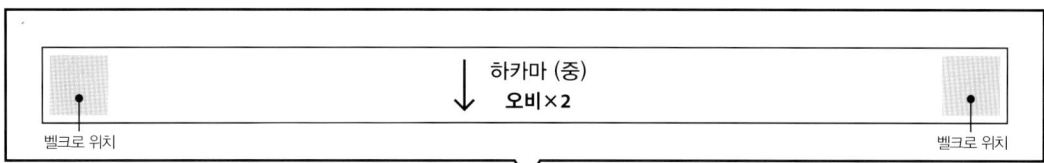

하카마 (중)
↓
오비×2

벨크로 위치

벨크로 위치

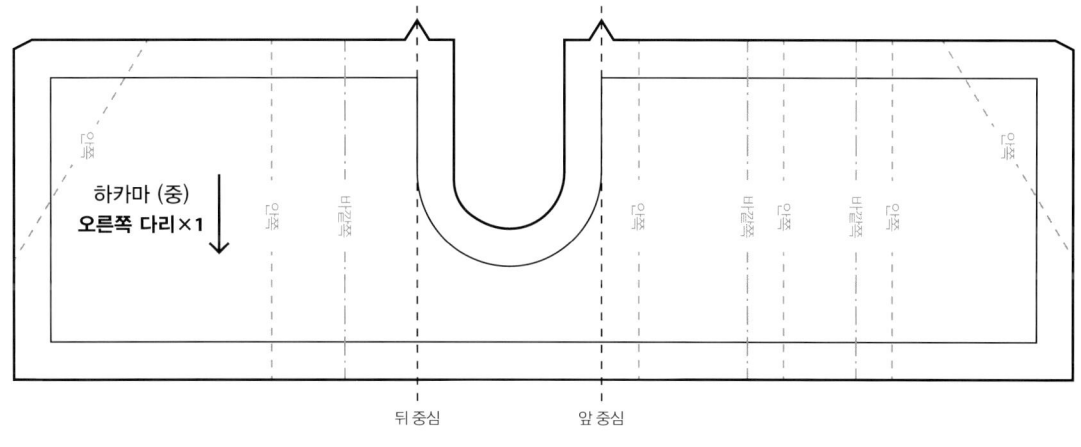

하카마 (중)
오른쪽 다리×1 ↓

뒤 중심

앞 중심

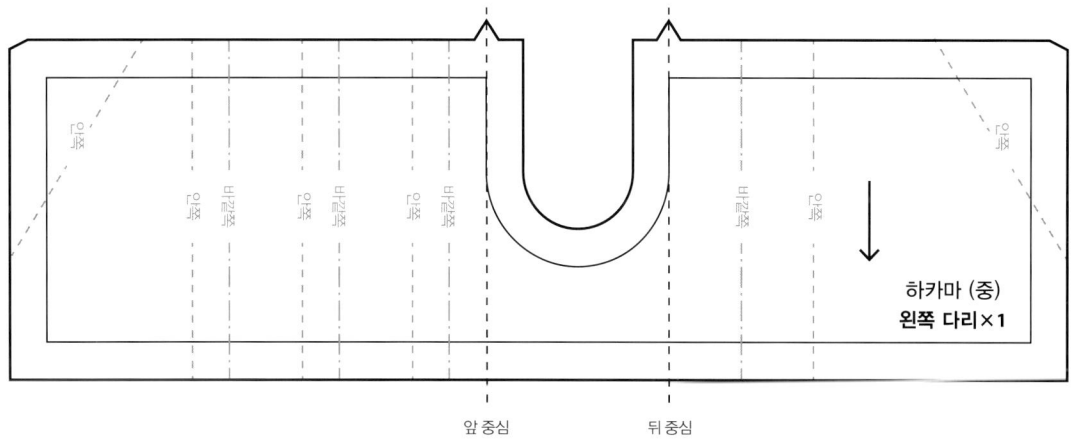

하카마 (중)
왼쪽 다리×1 ↓

앞 중심

뒤 중심

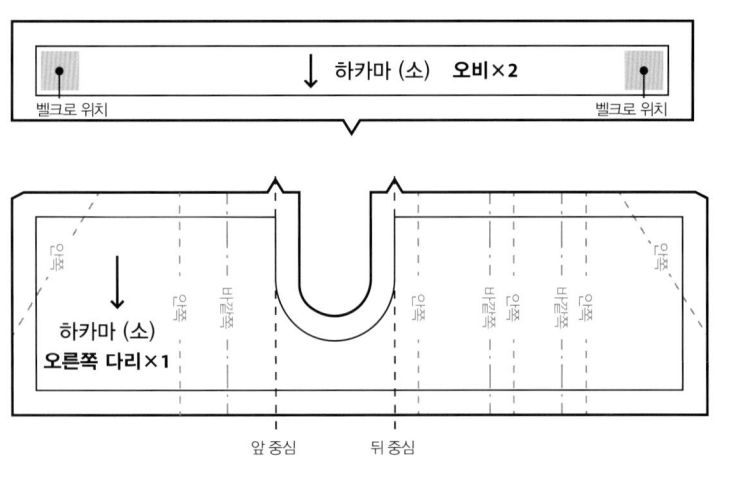

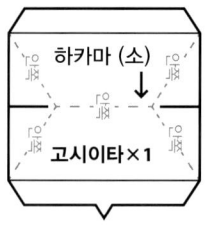

벨크로 위치   ↓ 하카마 (소) **오비×2**   벨크로 위치

하카마 (소)
↓
고시이타×1

안쪽   바깥쪽   안쪽   바깥쪽   바깥쪽   안쪽

하카마 (소)
오른쪽 다리×1

앞 중심   뒤 중심

안쪽   바깥쪽   안쪽   바깥쪽   안쪽   바깥쪽   안쪽   안쪽

하카마 (소)
왼쪽 다리×1

앞 중심   뒤 중심

리본 (대)
리본띠×1

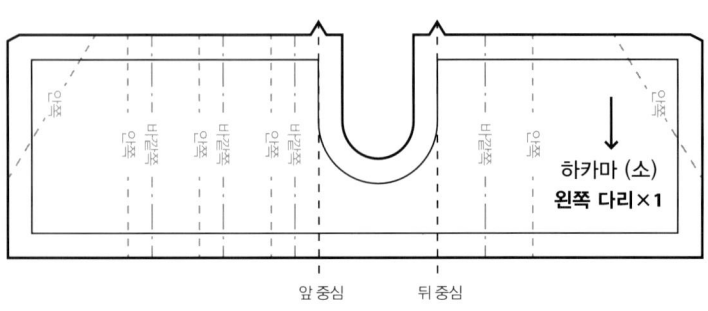

리본 (대)
부위①×1
- - - - 안쪽
- · - · - 바깥쪽
- - - - 안쪽

넥타이 (대)
몸판 ×1

바깥쪽 - · - · -

바깥쪽 - · - · -

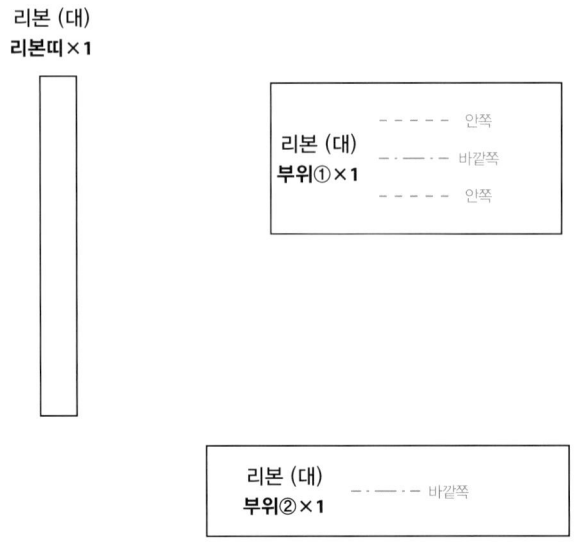

리본 (대)
부위②×1
- · - · - 바깥쪽

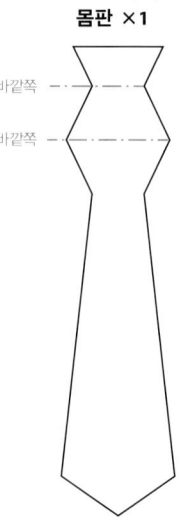

리본 (중)
리본띠×1

리본 (중)
부위①×1

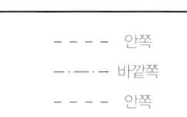

- - - - 안쪽
- · - · - 바깥쪽
- - - - 안쪽

넥타이 (중)
몸판 ×1

바깥쪽
바깥쪽

리본 (중)
부위②×1

- · - · - 바깥쪽

리본 (소)
리본띠×1

리본 (소)
부위①×1

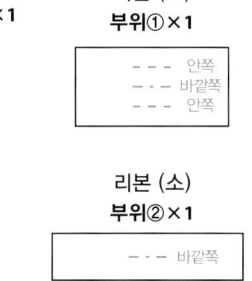

- - - 안쪽
- · - 바깥쪽
- - - 안쪽

넥타이 (소)
몸판 ×1

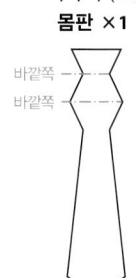

바깥쪽
바깥쪽

리본 (소)
부위②×1

- · - 바깥쪽

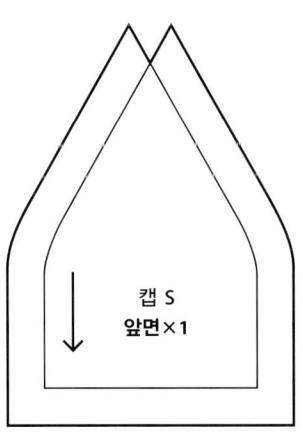

캡 S
앞면×1

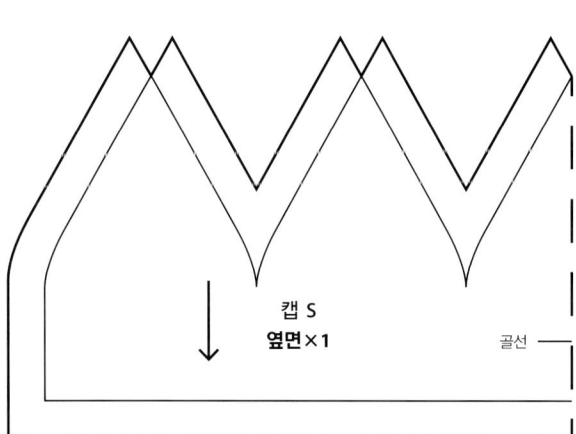

캡 S
옆면×1

골선

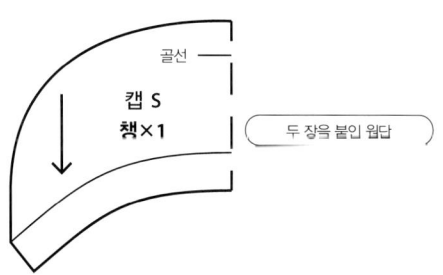

골선

캡 S
챙×1

두 장을 붙인 원단

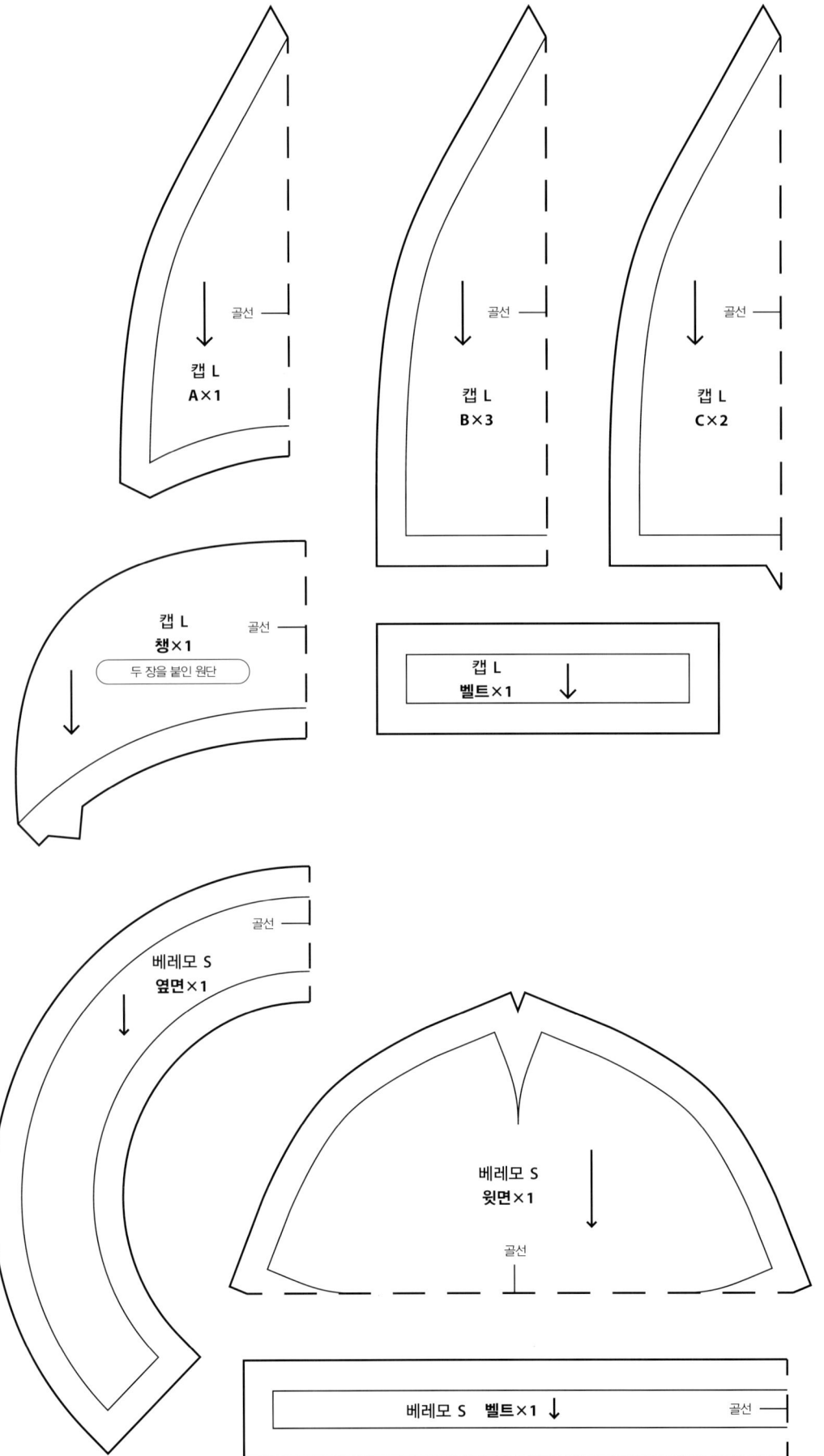

골선

캡 L
A×1

골선

캡 L
B×3

골선

캡 L
C×2

캡 L
챙×1

두 장을 붙인 원단

골선

캡 L
벨트×1

골선

베레모 S
옆면×1

베레모 S
윗면×1

골선

베레모 S 벨트×1

골선

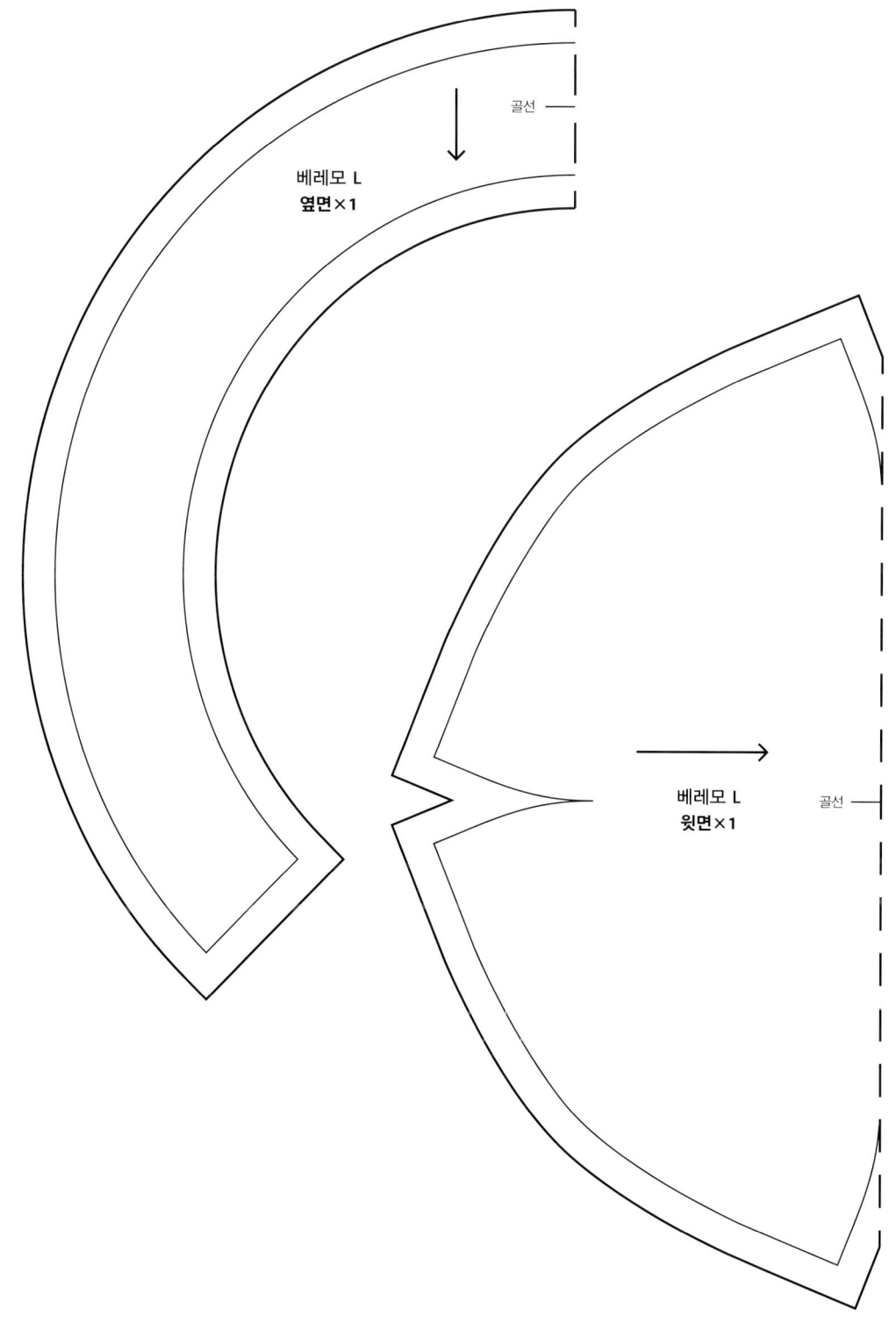

베레모 L
옆면×1

골선

베레모 L
윗면×1

골선

베레모 L
벨트×1

골선

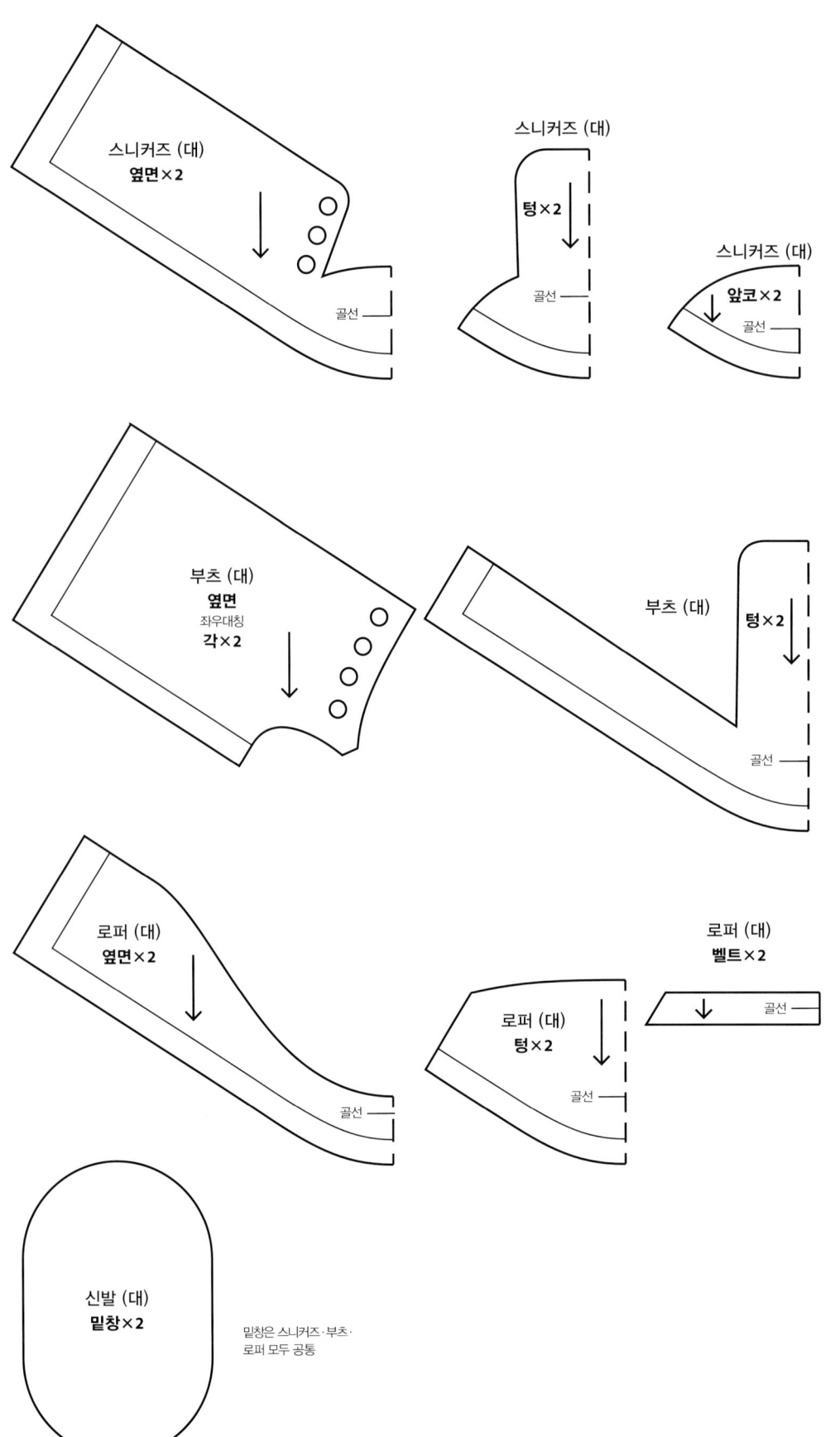

스니커즈 (대)
옆면×2

골선

스니커즈 (대)
텅×2

골선

스니커즈 (대)
앞코×2

골선

부츠 (대)
옆면
좌우대칭
각×2

부츠 (대)
텅×2

골선

로퍼 (대)
옆면×2

골선

로퍼 (대)
텅×2

골선

로퍼 (대)
벨트×2

골선

신발 (대)
밑창×2

밑창은 스니커즈·부츠·
로퍼 모두 공통

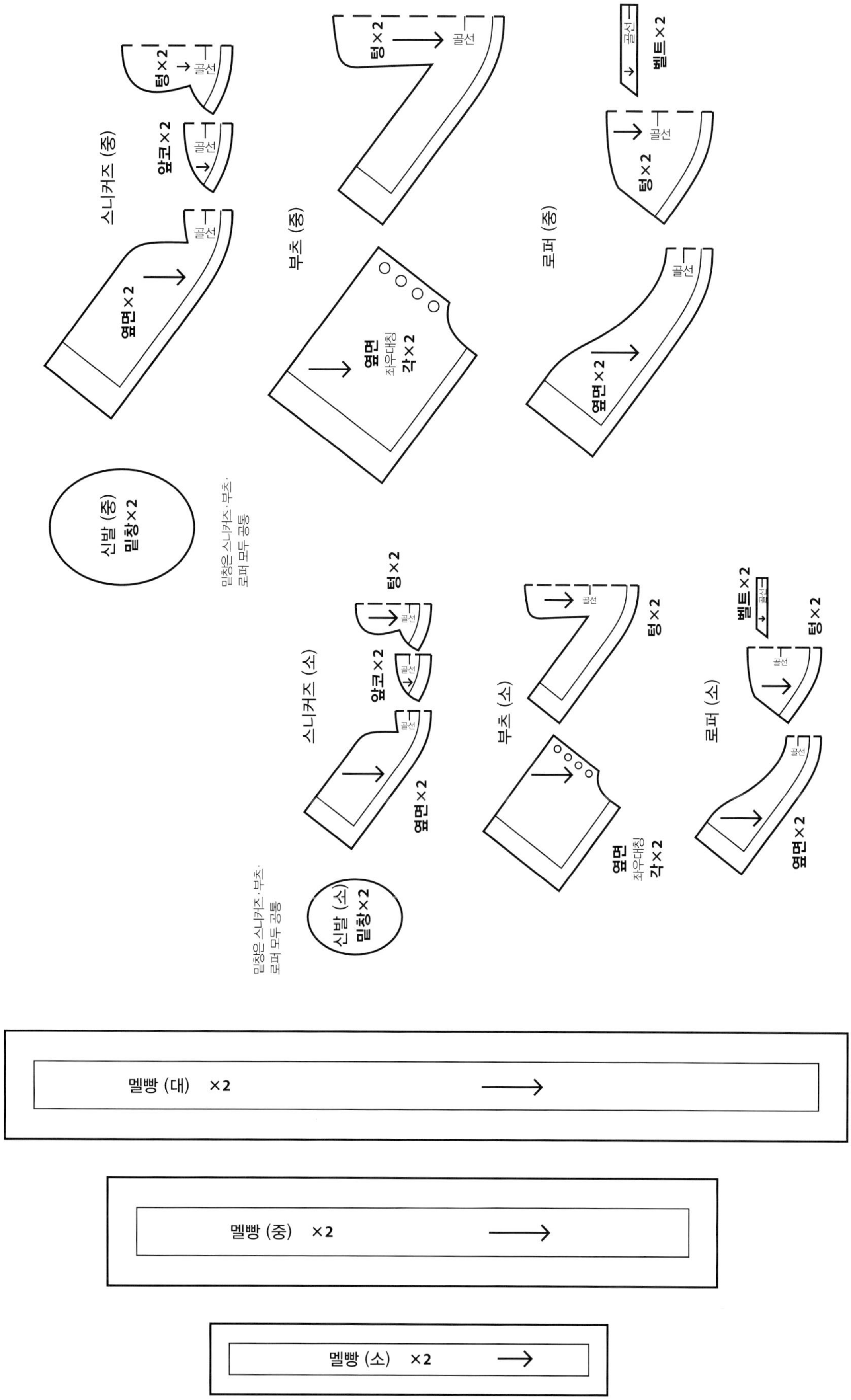

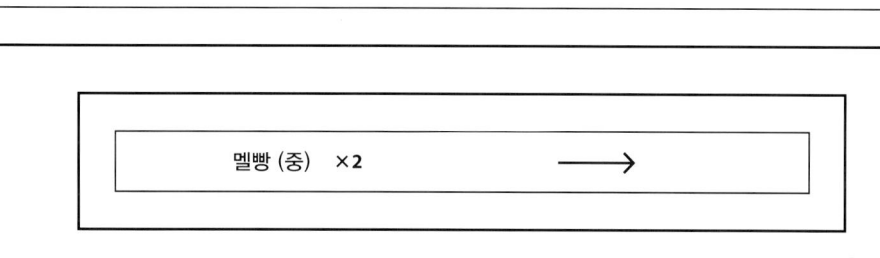

신발 (중)

스니커즈 (중)
텅×2 → 골선
앞코×2 → 골선
옆면×2 → 골선

부츠 (중)
텅×2 → 골선
옆면 좌우대칭 각×2

루퍼 (중)
골선
벨트×2
텅×2 → 골선
옆면×2 →

신발 (중)
밑창×2

밑창은 스니커즈·부츠·
루퍼 모두 공통

신발 (소)

스니커즈 (소)
텅×2 → 골선
앞코×2 → 골선
옆면×2 →

부츠 (소)
텅×2 → 골선
옆면 좌우대칭 각×2

루퍼 (소)
벨트×2
텅×2 골선
옆면×2 →

신발 (소)
밑창×2

밑창은 스니커즈·부츠·
루퍼 모두 공통

멜빵 (대) ×2 →

멜빵 (중) ×2 →

멜빵 (소) ×2 →

127

Profile

Tacute
다큐트 지음

일명 '솜인형 아이돌 다큐트'로 YouTube · SNS에서 솜인형 만들기 방법을 설명하거나 도안을 배포하고 있다. 초보자도 이해하기 쉬운 친절한 설명으로 유명하다.

https://tacute.com
YouTube: @tacute
X(Twitter): @tacute3

Azusa Hirakuri
히라쿠리 아즈사 감수

인형 도안 디자이너.
장난감 제조업체에서 인형 및 캐릭터 상품 기획 디자이너로 일하다가 인형 도안 디자이너로 독립했다. 인형 도안을 만들거나 수예용품 감수를 맡고 있다. 인형 재료를 판매하는 인터넷 쇼핑몰 '인형 원단 가게ぬいぐるみの生地やさん'도 운영하고 있다.

https://shop.nuigurumi-fabric.com
X(Twitter): @nuigurumifabric

협력

재료 제공 기요하라 주식회사清原株式会社
　　　　　　http://www.kiyohara.co.jp/store
촬영 협력 가쓰시카구 관광 필름 커미션葛飾区観光フィルムコミッション

Staff

솜인형 제작 · 일러스트(p.17) 히라쿠리 아즈사平栗あずさ
도안 · 제작 협력 구마가이 다쿠야熊谷拓哉 (다큐트P)

교정 다이도지 지하루大道寺ちはる
촬영 무라오 가오리村尾香織
디자인 · DTP 사사키 에미佐々木恵実 (더그하우스ダグハウス)
편집 와타나베 히카리渡邉光里 (스리시즌スリーシーズン)
　　　 오기우 아야荻生 彩(그래픽사グラフィック社)

상업적 이용 OK!
규정을 지켜 주세요

手ぬい＆手芸のりでつくれる！ てづくり推しぬい BOOK ~お洋服編~ by たきゅーと、平栗 あずさ

© 2023 tacute
© 2023 Graphic-sha Publishing Co., Ltd.
This book was first designed and published in Japan in 2023 by Graphic-sha Publishing Co., Ltd.
Korean translation copyright © 2024 by Korean Studies Information Co., Ltd.
Korean translation rights arranged with Graphic-sha Publishing Co., Ltd. through Japan UNI Agency, Inc.

Original edition creative staff
Artwork production&Illustration(p.17): Azusa Hirakuri
Pattern&Production cooperation: Takuya Kumagaya(tacute P)

Proofing:Chiharu Daidoji
Photographs: Kaori Murao
Typesetting and layout: Emi Sasaki(DUGHOUSE)
Editting: Hikari Watanabe (THREE SEASON.CO.,LTD.), Aya Ogiu (Graphic-sha Publishing Co., Ltd.)

Special thanks
Material offered by KIYOHARA & Co., Ltd.
(http://www.kiyohara.co.jp/store)
Shooting cooperation: Katsushika Tourism Association.

최애를 위한
나만의 솜인형 옷 만들기

초판 1쇄 발행 2024년 3월 29일
초판 2쇄 발행 2025년 5월 30일

지은이 다큐트
감수 히라쿠리 아즈사
옮긴이 일본콘텐츠전문번역팀
발행인 채종준

출판총괄 박능원
국제업무 채보라
책임번역 김예진
책임편집 권새롬
디자인 김예리
마케팅 전예리 · 조희진 · 안영은
전자책 정담자리

브랜드 므큐
주소 경기도 파주시 회동길 230 (문발동)
투고문의 ksibook1@kstudy.com

발행처 한국학술정보(주)
출판신고 2003년 9월 25일 제406-2003-000012호
인쇄 북토리

ISBN 979-11-7217-153-7 14630

므큐는 한국학술정보(주)의 아트 큐레이션 출판 전문브랜드입니다.
무궁무진한 일러스트의 세계에서 가치 있는 정보를 수집하고 선별해 독자에게 소개한다는 뜻을 담고 있습니다.
'예술'이 가진 아름다운 가치를 전파해 나갈 수 있도록, 세상에 단 하나뿐인 책을 만들고자 합니다.

므큐 드로잉 컬렉션

일러스트 기초부터 나만의 캐릭터 제작까지!

효고노스케가 직접 알려주는 일러스트 그리기

효고노스케 지음

손 · 발 해부학 드로잉

가토 고타 지음

최애를 닮은 나만의 솜인형 만들기

히라쿠리 아즈사 지음

뉴 레트로 드로잉 테크닉

DenQ 외 7인 지음

**메르헨 귀여운 소녀 그리기
동화 속 캐릭터 패션 디자인 카탈로그**

사쿠라 오리코 지음

**계절, 상황별 메르헨 소녀 그리기
동화 속 캐릭터 코디 카탈로그**

사쿠라 오리코 지음

**나만의 메르헨 캐릭터 그리기
다양한 테마 속 코스튬 카탈로그**

사쿠라 오리코 지음

**살아있는 캐릭터를 완성하는
눈동자 그리기**

오히사시부리 외 13인 지음

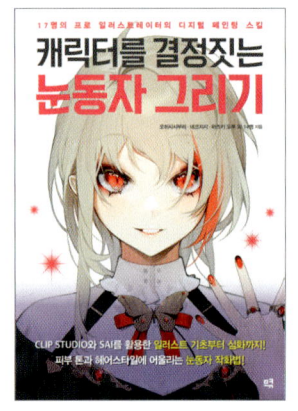

캐릭터를 결정짓는 눈동자 그리기

오히사시부리 외 16인 지음

수인X이종족 캐릭터 디자인

스미요시 료 지음

빌런 캐릭터 드로잉

가세이 유키미쓰 외 4인 지음

멋진 여자들 그리기

포키마리 외 8인 지음

의인화 캐릭터 디자인 메이킹

.suke 외 3인 지음

사쿠라 오리코 화집 Fluffy

사쿠라 오리코 지음

**돋보이는 캐릭터를 위한
여자아이 의상 디자인 북**

모카롤 지음

**판타지 유니버스
캐릭터 의상 디자인 도감**

모쿠리 지음

수인 캐릭터 그리기

야마히쓰지 야마 외 13인 지음

움직임이 살아있는 동물 그리기

나이토 사다오 지음

가모 씨의 귀여운 손그림 백과사전

가모 지음

환상적인 하늘 그리는 법

구메키 지음

**프로가 되는 스킬업!
배경 일러스트 테크닉**

시카이 다쓰야, 가모카멘 지음

**나 혼자 스킬업! 바로 시작하는
배경 일러스트 메이킹**

다키 외 2인 지음

**아이패드 드로잉
with 어도비 프레스코**

사타케 슌스케 지음

**나도 한다! 아이패드로 시작하는
만화 그리기 with 클립스튜디오**

아오키 도시나오 지음

**The 감각적인 아이패드 드로잉
with 프로크리에이트 테크닉**

다다 유미 지음

**입문자를 위한 캐릭터 메이킹
with 클립스튜디오**

사이드랜치 지음

**사랑에 빠진
미소녀 구도 그리기**

구로나마코 외 4인 지음

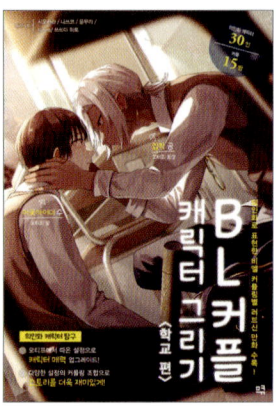

BL 커플 캐릭터 그리기 : 학교 편

시오카라 외 4인 지음

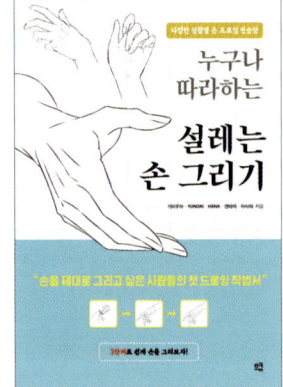

**누구나 따라하는
설레는 손 그리기**

기비우라 외 4인 지음

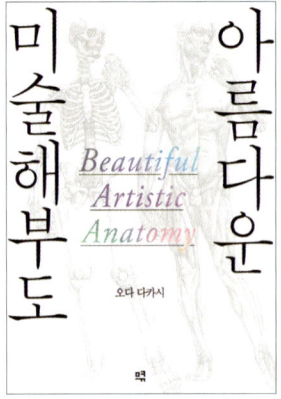

아름다운 미술해부도

오다 다카시 지음

 **므큐 트위터**
@mmmmmcue

QR코드를 통해 므큐 트위터
계정에 접속해 보세요!

므큐 웹툰 작법서

독자들에게 사랑받는 인기 웹툰 작가의
작법 노하우를 한 권의 책에 담아 선보입니다.
다양한 장르, 누구나 쉽게 이해할 수 있는 조언을 통해
웹툰 작가의 꿈에 한 걸음 다가갈 수 있도록
'잘 그리는 책'을 만들겠습니다.

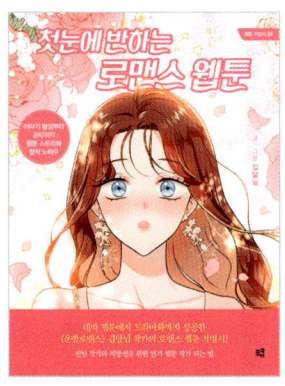

웹툰 작법서 1

이야기 발상부터 콘티까지
웹툰 스토리와 창작 노하우

첫눈에 반하는 로맨스 웹툰

김달님 지음 | 216쪽 | 21,000원

웹툰 작법서 2

이야깃거리 구하는 법부터
기괴한 공포 연출법까지

죽이는 호러 스릴러 웹툰

황준호 지음 | 276쪽 | 22,000원

웹툰 작법서 3

빵 터지는 웃음 속
치밀하게 계산된 허술함에 대해

병맛 웹툰 작법서

탐이부 지음 | 216쪽 | 21,000원